神戸怪談

田中俊行

竹書房
怪談
文庫

はじめに

田中俊行と申します。

兵庫県神戸市灘《なだ》区で生まれ育った私は、幼少期から怪談やオカルトが好きで、地元の心霊スポットを巡ったり、いろいろな人から話を聞いて集めたりしていました。

好きが高じて、いまやオカルトコレクターを名乗り、怪談や呪物収集を生業にしています。


この本には、神戸市内で起きた怖い体験談をおもに収録しました。

また、神戸市民が足を延ばすであろう尼崎《あまがさき》、西宮《にしのみや》、明石《あかし》、三木《みき》、淡路島《あわじしま》など周辺地域の話も一部収録してあります。

海と山に挟まれた神戸の街は、場所によってさまざまな表情を見せてくれます。きれいな観光地もあれば、怖い場所も数多くあります。

一帯には六甲山《ろっこうさん》をはじめ数々の心霊スポットがあり、多くの方が奇怪な体験をしているようです。

この本ではそうした現場を可能な限りはっきりと明記しておりますので、神戸周辺の心霊ガイドのような使い方をされてもいいと思います（何か怖いことがあった場合には、プロフィール欄に載せた連絡先へご一報いただけると嬉しいです）。

この本には、私自身や周囲の友人が体験した話もあれば、神戸らしい多種多様な方々から聞いた話も多く収録されています。

一読すれば、神戸の街や人に漂う文化的で独特の雰囲気が、多少なりとも伝わるだろうと思います。

お洒落で不思議な街・神戸の魅力を、この本を通じて多少なりとも感じていただけたら嬉しい限りです。

田中俊行

目次

神戸市
夫婦岩
甲山
外国人墓地
六甲山
芦屋市
尼崎市
西宮市
東灘区
灘区
王子動物園
住吉駅
北野町
中央区
三宮
六甲アイランド
ポートアイランド
神戸空港
神戸ポートタワー

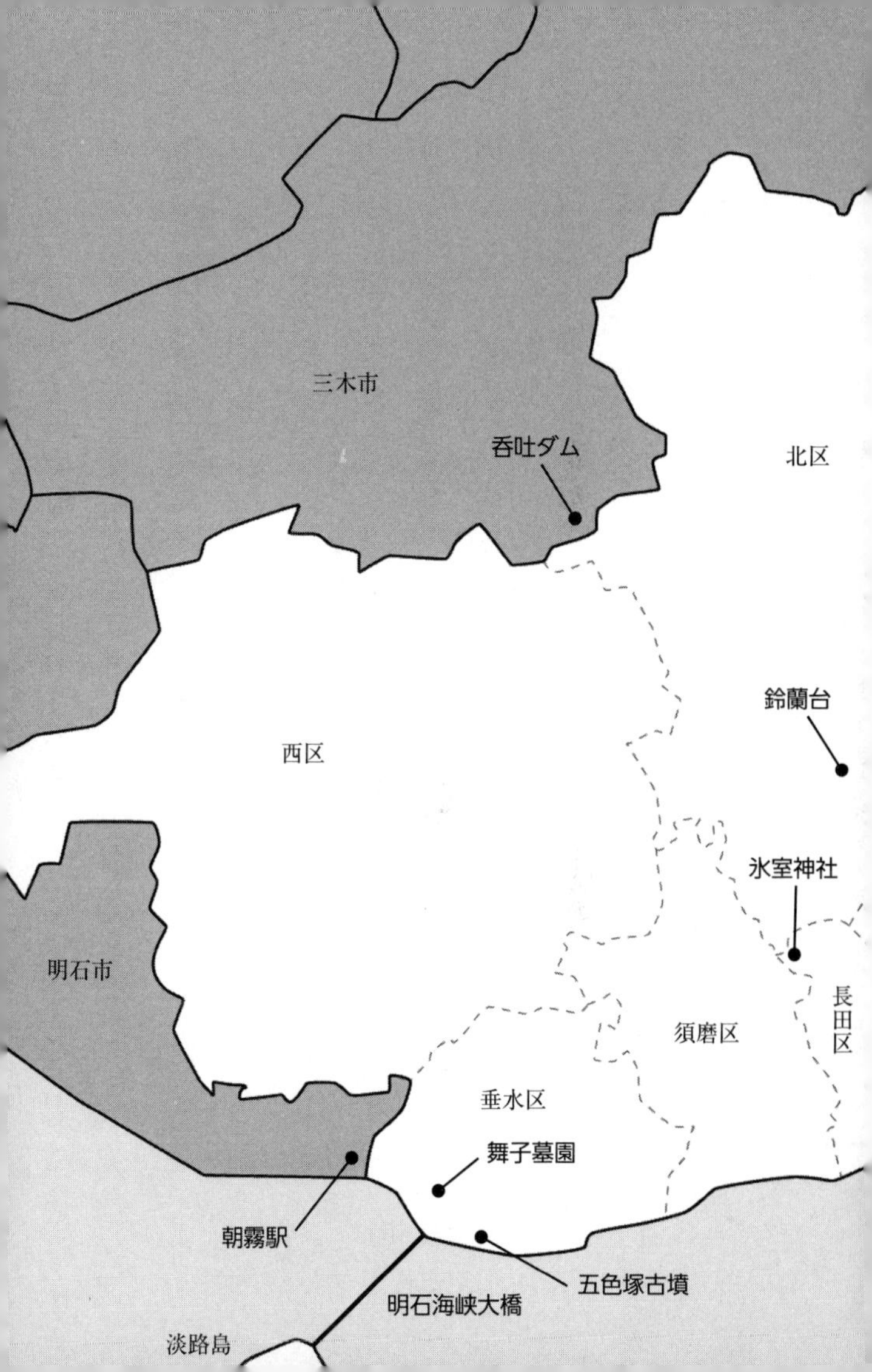

三木市
呑吐ダム
北区
鈴蘭台
西区
氷室神社
明石市
長田区
須磨区
垂水区
舞子墓園
朝霧駅
五色塚古墳
明石海峡大橋
淡路島

北野町のマンション（中央区）

神戸は普段から外国人を多く見かける、異国情緒あふれる素敵な街だ。

そもそも神戸は幕末の一八六八（慶応三）年に開港して以来、外国人が多く訪れ、居留地として発展した歴史を持つ。当初、外国人は市内中心部などに住んでいたが、人数が増えたこともあり、山手の高台にも居住するようになる。ここは環境も良く、当時の外国の方も気に入ったようだ。

現在はそれらの西洋館を保存し「北野異人館街」として、神戸で有名な観光スポットのひとつにもなっている。異人館は合計十六邸あり、館ごとにオリジナルの可愛いお土産なども充実している。

なかでもドイツ人貿易商のゴットフリート・トーマスの自宅跡である「風見鶏《かざみどり》の館」は大人気で、重厚な煉瓦《れんが》造りと屋根上の風見鶏が特徴的な洋館だ。国の重要文化財にも指定されている。

私は『山手八番館』が気に入っている。そこには通称「サターンの椅子」なるものがあるからだ。ローマ神話の五穀豊穣《ごこくほうじょう》神の彫刻が施されたこの椅子は、座ると願い事が叶うと伝わっている。

北野異人館街までは神戸三宮《さんのみや》駅から徒歩で十五分ほどだ。駅から北側の高台に向かってまっすぐ延びる緩やかな坂道（北野坂）は四季折々の風景が楽しめる、私のお気に入りの一本道だ。対向二車線で両脇の歩道にはトウカエデが植えられ、夏の緑葉が秋は真っ赤に染まり、クリスマスにはイルミネーションで飾られて光の道になる。

この北野坂の近くに、かつてあったマンションでの話。

二十年ほど前、ひろみさんの友人カップルがこのマンションの五階に住んでいた。一フロアに四部屋並ぶうちの、手前から二番目の部屋で同棲していた。

当時、肝《フォアグラ》劇場という劇団を旗揚げしたばかりのひろみさんは、カップルの部屋が何かと都合がよくたびたび訪れていた。というのも、女性のほうは映像アーティストであり部屋には機材も充実していたため、劇団の動画制作やポスター、チラシなども作らせてもらっていたからだ。そのため、ひろみさんは三木市の実家のほかに市内でひとり暮らしの部屋も借りていたが、この部屋によく入り浸《びた》っていた。

友人カップルの部屋は居心地がよかったものの、いま思い返せばマンションそのものは不気味な雰囲気に包まれていたそうだ。昼間から薄暗く、友人たちの部屋の前はまだましなほうだったが、奥へ行くにつれてさらに暗くなり、少し曲がった廊下の最奥は真っ暗。また、エントランスがとくに気持ち悪く感じることがあった。

隣の部屋の扉にはなぜか写経が貼られていた。

ある日、ひろみさんはこの部屋で劇団の映像を編集していた。

このときは、たまに劇団の仕事を手伝ってくれる芸大生の男性Aくんも一緒に編集作業をしてくれていたが、思いのほか手間取り、未完成のまま翌日の朝になってしまった。家主の二人は仕事へ行くので、ひろみさんは部屋の鍵を預かった。

彼女もいったんは帰宅したかったのだが、ひとり暮らしの部屋が最近空き巣被害にあったばかりで鍵が壊されたままだったため、ひとりで帰るのは怖い。それでAくんに家までついてきてもらった。

家の安全を確認したひろみさんは「夕方にはいくね」と、鍵とともに作業が残っているマンションの部屋へAくんだけを車で送り届け、その足で実家へ帰った。

やがて夕方になり、ひろみさんはマンションの部屋に戻った。チャイムを押すと少し間を置いてゆっくりとドアが開く。

Aくんが顔だけを出した。フロアを確認するように二、三回あたりを見回す。

「早く、早く入って」と促《うなが》してきたかと思うと、グイッと強引に腕をつかまれ、部屋に引き込まれた。

Aくんはひどくおびえているようすで顔面蒼白。いったい何があったのか問いただすと、マンションに戻って部屋のドアを開けた瞬間、右の耳元で女性に大声で怒鳴《どな》られたのだという。

Aくんはびっくりして咄嗟《とっさ》に目をつぶり「ごめんなさい‼」と謝った。ゆっくり目を開けて声がしたほうを見るが、その先には一番奥の部屋の扉があるだけで誰もいない。

反対方向を見ても、真っ暗なフロアは静まり返っている。

そんな状況がとてつもなく怖くなり、急いで部屋に入ったという。

「このマンション、おかしいですよ……とくにこのフロア」

「どういうことよ？　その女性はなんて言ってたの？」

「わからないんですよ。聞き取れなかったとかじゃなくて、日本語じゃなかったんです。でも、言葉の語気でわかるんです。ものすごい怒ってる」

そうは言ったものの、Aくんは家主の二人が気にするかもしれないので、言わないでほしいと言い残し、慌てて部屋から出ていった。

ひろみさんはにわかに信じがたかったが、動画の作業が残っているのであまり気にしてもいられない。没頭しているうち、気づくと夜になり帰宅した家主の二人にも手伝ってもらいながら作業をなんとか終わらせ、やれやれと三人で夕食を食べ談笑した。

「そういえばな……」

食後、窓から神戸の街を見下ろしながら、ひろみさんは二人に昼間、Aくんの身に起きた出来事を聞かせた。

「Aくんな、怒鳴られたんやけど、誰もいなかったらしい。なんか日本語じゃなかったみたい」

ひろみさんの話を聞いた二人はみるみる青ざめた。やがて女性のほうが口を開いた。

「ひろみさん、知らないかもやけど……半年ぐらい前にな、一番奥の部屋から、おばさんが飛び降りてん。それで、雨降ってたんかな、傘さしてる通行人の上に落ちて亡くなってん」

そういえば、人が落ちたとか、半年前にそんな大騒ぎがあった気がする。

彼女が言うには、どうやら奥の部屋も男女で暮らしていたらしく、よく話し声が漏れ聞こえていたそうだ。よく喧嘩していて、とくに女性のほうがかなり感情に起伏のある性格のようで、昼夜問わず金切り声を出していた。

そうした激しい喧嘩が連日のように続いたある日、ついにカッとなった男が窓から突き落としてしまったのだという。

「そのおばさんな、夜でもおかまいなしにうるさかってんけど、なに言ってるかはわからんかった。韓国人やったから」

昼間、Aくんの耳元で怒鳴った女性は、まさか──。

数日後、家主の二人は大慌てで部屋を引き払った。

トアロード（中央区）

神戸三宮にある「トアロード」は、北野の異人館通りから旧居留地地区を南北に結ぶ坂道だ。かつては、職場のある居留地と住居のある北野を結ぶ外国人の重要な生活道路として栄えていた。それまで三宮筋通と呼ばれていたこの通り、一九〇八（明治四十一）年に、北野にあったイギリス人富豪F・J・バーデンズの屋敷跡にトアホテルが開業した頃から、少しずつ「トアロード」と呼ばれるようになったという。

なお、トアホテルは火災により一九五〇（昭和二十五）年に焼失し、跡地には神戸外国倶楽部が建っている。

このトアロード、私も月に一度は必ず訪れている。もしかしたら、東京に拠点を移したいまも神戸で一番行っている場所かもしれない。

というのも、じつは私は神戸でＤｏｕｇｌａｓというパンクバンドを組んでおり、ギターを担当している。

このバンドのライブを、トアロードにあるＨＥＬＬＵＶＡ　ＬＯＵＮＧＥというライブハウスにて月に一度おこなっているのだ。ほかに出演しているバンドも、インディーズ系というかどこか自分たちの価値観を突き詰めているような人たちばかり。かなりディープなつながりであるが、そのような理由でこのトアロードは私にとってもっとも親近感のある場所だ。

渋谷さんは十五年ほど前、このトアロード沿いに建つとあるビルの、ある階に〝出る〟という噂を聞いた。

その階のテナントだけ入れ替わりが激しく、そこで働いていた人のなかには、実際に見た人もいるという。

渋谷さんはまったく見えないのだが、当時一緒に遊んでいたエノケンという友だちがめちゃくちゃ見える男だった。そこで、渋谷さん、エノケン、後輩のマツダの三人でそのビルに行ってみることにした。

エレベーターがあったが、奥にある階段で上ろうということになり、マツダ、エノケン、渋谷さんの順番で並んで上っていった。

最初は何事もなく上っていたのだが、ある瞬間になぜか渋谷さんは急に怖くなった。

「一番後ろ、怖いから代わってや」

と、前を歩くエノケンを抜かそうとしたのだが、エノケンが、

「ええから。後ろおれって」

と言い、渋谷さんが抜かそうとするのを腕で妨ごうとする。

ただ、そのとき原因不明の恐怖感に襲われていた渋谷さんは、エノケンの腕を振り払って、無理やり前に出る。

そのときにエノケンが、

「後ろおったらよかったのに……」

とだけつぶやいた。


その後はとくに何事もなく最上階まで上がっていくことができ、ひと通り探索したものの、怪奇現象に遭うことはなかった。なので、普通にエレベーターで下まで降りてビ

ルから出た。

そのとき、エノケンにどないやった？　と聞いたところ、

「おまえが俺のこと抜かそうとしたとき、俺が腕で止めようとしたん、意味あるねん。あそこで壁からおっさんの幽霊が半分出てて、おまえが接触してしまいそうやから、止めたったのに……。無理に隙間から抜いていくから、完全におっさんと重なってもうてたで」

それを聞いた渋谷さんは、もう完全にパニックになって、とりあえず近くの生田《いくた》神社でお参りした。そして、

「やっぱり、ちょけて（ふざけて）あんなんしたらヤバそうやから、もう一回行って謝ろう」

と、もう一度ビルに戻り、何もない壁に向かって三人で謝ったという。

ポートタワーの怪（中央区）

ハーバーランドや北野異人館街、王子《おうじ》動物園など、神戸にはさまざまな観光スポットがあるが、もっとも神戸を代表する場所といえば、神戸ポートタワーであろう。

神戸港の中突堤の袂《たもと》、市営地下鉄のみなと元町《もとまち》駅から南側へ徒歩五分ほどのところに建つタワーで、縦に置いた和太鼓の鼓《つづみ》にもたとえられる砂時計のような形が特徴的だ。

一九六三（昭和三十八）年に神戸港のランドマークとして建てられて以来、半世紀以上にわたり神戸市民から愛され続けている。二〇一四（平成二十六）年には国の有形文化財に登録された。

タワーのなかは下部の地上一階から三階、上部の展望一階から五階に分かれており、展望台から神戸市街が広く一望できるうえ、レストランや土産《みやげ》物屋もあり楽しいところだ。耐震補強工事のため休館していたが、二〇二四年春頃にリニューアルオープンする。

この港町・神戸のシンボルともいうべきポートタワーだが、じつは怪談話の噂が少ない。人が多く集まる場所には、人ならざる者も集まるとはよく聞く話だが、観光客で賑わうこのタワーもそういうことなのだろうか。

かつてポートタワーで働いていた二十代女性の杉村さんによれば、働く人のあいだでも体験談が噂されていたようだ。

次に示す二つの怪談は、エレベーターガールのあいだで十年ほど語り継がれている話である。

＊

ポートタワーの営業時間は、三月から十一月が朝の九時から夜の九時で、十二月から二月は夜の七時までであった。

夜の閉館時間になると、職員は全体の見回りをおこなうことになっていた。最上階の展望五階から展望一階まで、順番に降りていってお客さんが残っていないか注意深く見回る。

とあるエレベーターガールの女性は、その日も最後まで展望室に残っていたお客さんを全員エレベーターに乗せ、一日の仕事を終えた。退勤し、タワーを出て南西側の神戸駅へ向かう。港の夜風を浴びながらタワーを背にして歩く。

少しして、遊覧船乗り場のあたりから何気なくタワーを振り返った。

すると、若い女性が展望階の窓から景色を眺めているではないか。女性は腕を前に組み、その上に顔を乗せていた。

「しまった！　お客さんを取り残してしまった！」

と、この職員の女性は焦《あせ》り、急いで戻った。

そして、展望階で声をかけながら見回ったものの、人の姿はない。

そのまま順繰りにすべてのフロアを回ったが――

結局、誰もいなかった。

＊

その日も閉館に際し、一連の締め作業をおこなっていた。

週末だったので、閉館時間ギリギリまで夜景を楽しむお客さんが多かった。

エレベーターに満員になるまでお客さんを乗せて下まで降りる。展望室にはまだまだ人がたくさんいるので、エレベーターは地上階と展望階をひたすらに往復する。

そして、やっと最終のお客さんが定員ギリギリで乗り込んだ。

これで全員か——と思ったそのときのことである。

エレベーターに向かって「コッコッコッ……」という音とともに駆けてくるハイヒールの足が、螺旋《らせん》階段から見えた。

——まだひとり残っていたのか。

そう思い、

「満員ですので、次のエレベーターでお迎えに参ります。少々お待ちください」

と、閉まろうとしている扉の隙間から伝えた。扉が閉まりかけていたので、女性の姿は見えなかったが、伝わっていたと思う。

地上階でお客さんを降ろしてすぐに展望階へ向かった。しかし、そこで待っているはずのお客さんがいない。

あのヒールの方は……？

そう思い、再び最上階からすべての階を探したものの、お客さんは誰ひとりとして残っていなかった。

＊

以上の二話が、働いているエレベーターガールのあいだで語り継がれていた怪談話であるという。働いている人の視点ならではの、現実感のある噂といえる。

さらに、この話を教えてくれた杉村さん自身も、不気味な体験をしている。


その日のタワーは、コロナや台風の影響もあり、いつもより閑散としていた。九時の閉館時間が近づいてきたとき、杉村さんはモニターを見ていた。各エレベーターホールの監視カメラの映像が映されているのだ。

モニターにはどの階にもお客さんはいないようだった。

「展望階、もう誰もいないんじゃない？　早めに閉館作業をはじめられそうね」

一緒に働いていた先輩にそう言われ、杉村さんは先にひとりで展望階のようすを見に行った。

展望五階を回っていると、後ろからトントンという音が聞こえてきた。

何かが自分に向かってきているようだ。

お客さんが残っていたかと思い振り返ったが、誰もいない。

杉村さんは怖くなって小走りで回った。

トントンという音だけがずっと後ろをついてくる。とくに展望五階は、夜景がきれいに見えるよう営業中から照明を落としている。暗いのでとても恐ろしいのだ。

小走りで逃げるように回るが、音はずっと後ろをついてくる。

杉村さんは恐怖に耐えきれず急いでエレベーターに乗り、地上階へ戻った。その日の展望階の点検は先輩に代わってもらったが、「誰もいなかったよ」と言われた。

別の日の夕方、展望階でのこと。

エレベーターホールで待っていたとき、視界の隅を何かが横切った。

一瞬だけだが、青色の運動靴である。

おそらく子どもの足だろう。

横に子どもがいるのかと思い、見てみると――

そこには誰もいなかった。

さらにまた別の日。夏の日のこと。

お盆休みに両親と子ども二人の四人家族が来館した。

地上二階のエレベーターホールで人数を確認しチケットを切った。

「四名様ですね」と確認すると、母親は

「三人ですよ！　お盆になるといつもそう言われる〜！」と言った。
もう一度見ると、子どもがひとりしかいない。
ひとりっ子の三人家族だったのだ。
先ほど見たときには、小さな男の子ともうひとり同じくらいの子どもがいたはずだ。
しかし、はっきり意識したわけではないので、気のせいだった可能性も否めない。
——いつもそう言われる。
母親のひと言だけが、どうしても引っかかった。
神戸のシンボルであるこのタワーには、人ならざる者も多く集まるのかもしれない。
リニューアル後も彼らは姿を現すのか、私はひそかに注目している。

外国人墓地　（北区）

六甲山地の西側、新神戸駅から北の山側へ二キロほどのところに再度《ふたたび》公園がある。再度山一帯につくられた公園で、紅葉の名所として知られる。

この再度公園内に、神戸市立外国人墓地がある。かつてあった小野浜《おのはま》墓地と春日野《かすがの》墓地を統合する形で、一九三七（昭和十二）年に造成がはじまった外国人家族専用の墓地だ。世界各国から約二千九百名が埋葬され、なかには初代神戸港長のジョン・マーシャルや、神戸を代表する洋菓子・モロゾフの創業者であるロシア人のフィヨドル・ドミトリー・モロゾフなど、近代神戸の黎明《れいめい》期に活躍した著名人も多い。また、幕末に起きた堺事件で犠牲になった十一名のフランス水兵が埋葬されていることでも知られている。

この外国人墓地は、地元では心霊スポットして名高い。具体的な噂は聞かれないが、なぜか神戸の若者はよく肝試しをしにこの場所へ来る。

かくいう私も二十代の頃に友人数名と真夜中に訪れたことがある。とくに何も怖い現象などは起きなかったが、友人の半田くんがここで大けがを負った。

彼は先回りして物影からみんなを驚かしてふざけていた。すると、仲間のひとりが驚かされた拍子にパニックになり逃げてしまい、みなもつられて我先にと急坂を駆け下りていった。だが、驚かした本人である半田くんもなぜかパニックに陥り、全員を追い抜かして一番前に躍り出る――その途端、道路を塞いでいる鎖に気づかずに太ももをひっかけ、彼は勢いよく前方へ投げ出され、顔から地面にダイブしたのである。

無論、なんの怪奇現象でもないのだが、私としてはそんな記憶が思い起こされる場所である。

知人の斎藤さんもいまから十五年ほど前、肝試しをしにこの外国人墓地を訪れた。よく遊んでいた同級生グループがみな車の運転免許を取ったばかりであり、ドライブを兼ねて心霊スポットに行こうということになったのだ。

なお、当時は定かではないが、現在は、毎月一度（四～十一月）の一般公開日を除き、遺族以外は墓地内へ原則立ち入り禁止である。

斎藤さんたちのグループのひとりに、少しヤンキーっぽいAくんという男がいた。

彼は墓地に着くなり、

「なんも怖ないわ！」

と、イキって墓を蹴ったりしていた。非常に罰当たりな男である。

そして一行は、次のスポットに向かった。

その道中の車内でAくんが、

「財布、落としてもうてるわ。さっき墓地で暴れたから落としてもうたんやな。二千円くらい入ってただけやし、ええわ」

へらへらと笑いながら言っていた。


その後、何箇所か心霊スポットを回り、深夜三、四時くらいに一行は解散した。

帰宅したAくんは、家のポストに自分の財布が挟まっているのを発見した。

財布のなかには、身分証など住所が書かれてあるものは何も入れていない。にもかかわらず、現に家のポストに入っている。

いったいどういうことだろうか。

Ａくんはひとり恐怖におびえる夜を過ごすことになった。

財布が深夜に届けられたこのときの恐怖が影響したのか、Ａくんはその後、心を壊してしまったらしい。

彼がいまどうしているのか、同級生は誰ひとりとしてその消息がわからないという。

予感　（中央区）

カメラマンの久保さんから聞いた話である。

久保さんは専門学校時代に観光バスの清掃をするアルバイトをしていた。バスの車体を洗浄したり、車内の掃除をおこなったりするのがおもな仕事である。中央区にあるバス基地が仕事場で、十人ほどのチームを組み、一日に七、八台をさばく。

仕事自体は早くて二、三時間で終わることが多く、神戸から大阪の学校に通っていた久保さんにとっては、土日や学校が長期休暇などに小遣い稼ぎができる、割のいい仕事だった。

社長も、若い二代目であり、とても好感がもてた。

清掃チームのなかに、ベテランの六十代ぐらいの女性が三人いた。よくおしゃべりをする仲の良い人たちだ。

そのうちのひとりである鈴木さんが少し変わっていた。

いつもにこにこしていて、仕事もきちんとこなすのだが……。


あるとき、鈴木さんが仕事場に大幅に遅刻してきて困ったことがあった。

あとの二人は何か事情を知っているようで、「あー、またやで……」「出た出た」などと耳打ちしている。久保さんは、鈴木さんにはサボり癖でもあるのかなと思った。

しかし話を聞くと、そうではなかった。

仕事に来る道すがら、飛び降り自殺を目撃して、警察の事情聴取などを受け、それが原因で遅れたらしいのだ。

二人の女性が言うには、

「鈴木さんなー、よく飛び降り自殺や首吊りに遭遇するんよ」

「最初は遅刻の言い訳やと思ってたんやけど、どうやらホンマらしいんよ」

社長にも、「鈴木さんは変わってるなー」とか言われながらも、叱られることもなくみんなは慣れているようすだった。

しばらく経って、チームのひとりが辞めることになり、お別れ会として社長を含めた社のひとたちと食事に行った。

そのなかに件《くだん》の女性三人もいた。お酒が進むにつれ、二人が鈴木さんをいじり出す。

「あんた、なんでそんなに自殺の現場に遭遇するんや？　この会社に勤めてもう八回ぐらい見てるんやないの」

「なんか呪われてるんとちゃうんか？」

そう言われた鈴木さんも、

「なんでやろうなー、ほんま嫌やわ。あんたら助けてよー」

なんて冗談交じりに返していた。

酒も進み、久保さんと鈴木さんが席で二人になったとき、少し心配になった久保さんが聞いてみた。

「八回も飛び降りに遭遇してるんですか？　……僕の知り合いでそういう、いわゆるお祓いなどしてくれる方がいるんで、見てもらったらどうですか？」

そう聞くと、鈴木さんは頷《うなず》きながらグラスを置き、ひと息ついて奇妙なことを言い出した。

「じつは声が聞こえるんよ。外に出て歩いていると『こっち～こっち～』って……」

その声に誘われて近づくと、何かしらの死がまとわりついてくるらしく、交通事故の直後の現場だったり、首吊り死体に遭遇したり、ビルから人が飛び降りたり……。

声が聞こえて死の現場に遭遇するのは、じつは子どもの頃からだそうだ。

鈴木さんの実家は鳥取県の山間部の集落。父と母と三人暮らしだった。

集落には同世代の子はいなかったので、ひとりでいつも畑の周りをうろうろしたり、ひとりで納屋に入って遊んでいたりした。庭先にある大きな納屋がまるで秘密基地みたいで好きだったのだ。

納屋のなかは昼間でも薄暗く、埃《ほこり》っぽい。二階があり、広めの通路がぐるりと巡らされていて、中央部分は吹き抜けである。通路には人が落ちないように柵が設えてあった。

あるとき、納屋にいると薄暗いなかで人の気配がしたことがあった。

見ると、母親がぶら下がっている。

二階の柵にロープをくくり、首吊り自殺していたのだ。

それが悲しくて、母親に会いたくて、やがて毎晩納屋で寝るようになった。

何日か続けていると、やがて声が聞こえだした。

母親の声で「こっち〜こっち〜」と聞こえるようになり、誘われるままに行ってみると、小動物の死骸がいつもあった。

それがきっかけなのだそうだ。

集落でも、声に連れられていった先で人が死んでいるのは何度か見ていたが、動物の死骸のほうがまだ多かった。しかし、都会に来てからは人間しか見なくなったという。

さらに最近は、母の声ではなく、違う男の声になっているそうだ。

それを聞いてしまうと、行きたくないのに身体が自然とそちらへ向いてしまう……。


そんな話を聞かされた久保さんは。霊能者の方を紹介しようとしたが、タイミングがなかなか合わないまま、時間が過ぎていった。

それから二ヶ月後、鈴木さんが遅刻した日があった。

また出勤前に飛び降り自殺を見たらしい。詳しく聞くと、やはり声が聞こえて誘導されたという。

ただ、このときはいつもと違って、笑い声であった。

そして声がした直後、すぐ目の前のビルから人が落ちてきた。

今回はいつもと違う、距離が近い、と鈴木さんは不安がっていた。

それから、だんだんと鈴木さんは休みがちになった。

さらに二ヶ月ほど経った頃、会社に電話があった。

鈴木さんからで、電話の向こうで泣きながら、

「助けてください、笑ってるんです！　私にぶつけようとしてくる、助けて……」

と言ってくる。どうやら、笑い声とともに人がすぐ目の前に落ちてきたらしく、ぶつかる寸前だったそうだ。

とりあえず社長と久保さんが現場に向かうことにした。

人だかりができている現場には鈴木さんの姿はない。警察に聞くと、別の場所で保護されていた。その場所に行くと、鈴木さんがやつれたようすで椅子に座っていた。

「もう無理です。都会は、無理です……」

そう言って憔悴《しょうすい》している鈴木さんを社長と二人でなだめていると、そばに娘だという女性が立っていることに気づいた。とてもきれいな容姿で、鈴木さんとは全然似ていない雰囲気だったと久保さんは覚えている。

「いままでありがとうございました。母もこんな状態なので、田舎の鳥取に帰ろうと思います」

娘さんがそう言い、社長と鈴木さん、そして娘さんの三人で話し合いがおこなわれ、田舎に帰ることが決まった。

「急なことだが仕方がない」と社長は言っていた。


次の日、鈴木さんが午前中の早い時間に娘さんとともに会社に挨拶にきたらしく、そのまま辞めてしまった。

その後、残ったチームのメンバーにもそのことを伝えた。

すると、女性二人が怪訝《けげん》な表情をしている。

「鈴木さんって、たしか独身だから、娘さんはいないはずだけど……」

プライベートでも仲良くしていた二人が言うには、独身で間違いないらしい。

では、今日も挨拶に来たという、あの〝娘〟とは、いったい誰だったのだろう。

鈴木さんはいったい誰に、どこに、連れていかれたのか……。

その後、鈴木さんの消息はつかめないままである。

匂い（神戸市某所）

某財閥系企業の子会社に勤めているという、神戸市在住のひよりさんから聞いた話である。

彼女の上司である豊田さんは、昔から霊感が強い、いわゆる「見える人」だった。
豊田さんが夜勤でビル内を点検している際に、下の階へ行く用事があった。
応接間が両脇に十二部屋ほど並ぶ廊下を渡ろうとしていた。
その瞬間、すべての部屋の内側から、大きな音でノックする音が聞こえた。
夜勤のため、そのビルには豊田さんともうひとりの作業員しかいない。
各応接間に人が潜んでいるなんてあり得ない。
ましてや、堅苦しい会社なので、そんな悪ふざけするような人はいるわけがない。

豊田さんはなんとか廊下を渡り切ったものの、途中、ひとつの応接間のすりガラスから、手が見えたのだという。

豊田さんいわく、霊が見える前は必ず死臭のようなすっぱい匂いがするそうだ。

その日も、ビル内を点検中、終始すっぱい匂いが鼻をついていた。

センタープラザの落ち武者（中央区）

神戸市の中心市街地・三宮——この街でもっとも人通りの多いのが、三宮センター街と呼ばれるアーケード街である。

神戸三宮駅前を通るフラワーロードから鯉川《こいかわ》筋までをほぼ東西に結び、沿道にはファッションや雑貨など大小さまざまなショップが軒《のき》を連ねている。休日ともなれば、十万人もの人が集まるそうだ。

このセンター街沿いに、センタープラザという商業施設がある。

厳密にいえば中央のセンタープラザ、その西側に隣接する生田筋からトアロードまでのセンタープラザ西館、そして東側にあるフラワーロードから京町《きょうまち》筋までのさんプラザの三つの建物に分かれ、地下から低層階がつながったそれらを合わせて「さんセンタープラザ」と呼ばれることもある。

地下には洋食からラーメン屋、居酒屋までさまざまな飲食店があり、一階から三階までは服飾雑貨や美容室、占い店などありとあらゆるジャンル店がひしめくディープスポットだ。とくにセンタープラザ西館の二、三階はアニメやゲーム関連のショップが軒を連ねるオタク街として知られている。

私も昔、センタープラザにはよく行っていた。大阪にアメリカ村というファッションの町があるが、当時のセンタープラザにもセンスのいいショップが集まった「神戸アメリカ村」があり、よくお洒落な服を買いに行っていた。

このセンタープラザにまつわる話である。

92ページで後述するが、森くんという工務店をやっている先輩がいて、私もそこでアルバイトとして働いていた。その工務店では、センタープラザの地下にある飲食店の内装工事をよく手がけていて、私も深夜などによく手伝いに行っていた。

そのなかのひとつである、地下のカレー屋さんの内装工事を手伝っていたときのことである。

その日も作業を進めて朝方五時前になった。片付けも終え、そろそろ今日は切り上げようとなったとき、「入館証を返してきてくれ」と指示された。センタープラザでは、業者がバックヤードに入るときには警備員さんから入館証を受け取り、出るときには返さなければならない決まりがあるのだ。

私はみんなの入館証を持って、ひとり警備室へ向かった。


警備室には、壁にたくさんのモニターが設えてある。各フロアの隅々に何百とある監視カメラが撮影している映像が、リアルタイムでそこに映しだされている。

その日、当直の警備員さんは五十代くらいの男性がひとりだけだった。

入館証を返しつつ、たくさんあるモニターを私がただぼぉーっと眺めていると、その警備員さんがぼそっとつぶやいた。

「ここ、よくなぁ……。たまに〝見る〟んやけど――」

何も聞いていないのに突然そう言われた私は少し驚いたが、そのまま話を聞くと、

「首なしの落ち武者が、たまに通るんよ」

と言われた。

「どこに通るんですか？」

「どこって決まってるわけやなくて、各階のいろんなとこに出るんよ」

警備員さんによると、深夜モニター越しに各階を確認していたら、甲冑《かっちゅう》を着込み、矢がぶすぶすと刺さった首なしの武者が、ひとり建物内を歩き回っているという。

それを聞いて私も見たいと思ったが、この日の警備室のモニターには残念ながら落ち武者は映っていなかった。


モダンなセンタープラザに落ち武者というアンバランスさが珍妙な話であるが、じつはこの地一帯はたびたび合戦の舞台になってきた。

平安時代末期の治承《じしょう》・寿永《じゅえい》の乱（源平合戦）における、かの有名な生田森《いくたのもり》・一ノ谷《いちのたに》合戦、南北朝時代には足利尊氏《あしかがたかうじ》らと後醍醐《ごだいご》天皇方の新田義貞《にったよしさだ》・楠木正成《くすのきまさしげ》の軍が争った湊川《みなとがわ》の戦い、そして戦国時代には織田信長《おだのぶなが》を裏切った荒木村重《あらきむらしげ》が籠もり、激戦ののち落城した花隈《はなくま》城の戦いもこの地で起きた。

そうした過去を踏まえると、三宮から元町にかけての華やかでお洒落なエリアも、じつは血生臭い歴史の上に立っている街であると言えるかもしれない。

センタープラザに出る首なし落ち武者が、いったいどの時代、どの合戦で命を落とした武者なのかはまだわからない。

数百年を経た現代でも、彼の怨念は形をなしていまもビル内を徘徊しているそうだ。

東門街のビル　（中央区）

三宮で不動産をしている戸川さんから聞いた話である。

当時、戸川さんが担当している物件のなかに、東門街《ひがしもんがい》にある四階建てのビルがあった。ちょうど繁華街の三叉路にある。

周囲は飲み屋街ということもあり、立地もよく人気の場所だ。

一階は倉庫のようになっていて、二階と三階には以前、韓国料理屋が入っていたがいまは空いていた。四階にはそこで働いていた従業員が数名寝泊まりしていたらしく、ここも空きである。

二階と三階は以前の韓国料理屋そのままの形であった。厨房と座敷があり、道に面した窓には障子《しょうじ》が張られている。居抜き物件であるので、すぐにでもお店をはじめられる。

場所がいいので問い合わせは多く、内見もよくおこなった。

しかし、決まって二階、三階と上がるにつれて、内見客は嫌な気持ちになり、四階へ上がる前に、「ちょっと検討します」と言って建物を出るそうだ。その後、彼らから連絡がなくなるという。

一度、ある内見客にそのことを突っ込んで聞いたことがある。その人いわく、四階は気持ち悪くて上がれないという。

いまだに誰ひとり、内見の客で四階に上がった者はいないのだ。


そして不思議なことがある。

たびたび二階の障子と窓が開いているのだ。

ほかの物件紹介で近くに行ったときにそのビルの前を通ると、二階の窓が開いているのが見える。そもそもビルの鍵は自分とオーナーしか持っていないし、オーナーはほとんど訪れることもない。

にもかかわらず、なぜ現に開いているのだろうか。戸川さんは首を傾《かし》げながらも、その都度窓を閉めていた。

　ある日、そのビルの向かいで八百屋をしているご主人に道でバッタリあった。よく内見の立ち合いには行っていたので顔見知りになっていたのだ。

「おー、ようやくあのビル決まったみたいやなー。また韓国料理かー？」

「え⁉」

「二階の窓から、チマチョゴリ着た女の人が障子開けてよく外見てるわ」

「いやー、あそこまだ決まってないですけどね」

「またまたー。とりあえずよかったね」

「あ、はい……」

　もちろん、そのビルはいまだ空き家のままである。

阪急電車の車両にて　（灘区）

コロナ禍の緊急事態宣言の頃のことだと、アパレル業界の営業の方に伺った話だ。

「コロナで悪いことばかりやないんやで」

五十代半ばの、若い女性にはあまりモテないオヤジであるという剛田氏。

「ワシらみたいにパソコンも使われへん、携帯もまともに使われへん、いわゆる自宅で仕事ができきん人間は、結局電車で会社に来い、となるんよ」

けれども、その電車が空《す》いていて嬉しかったという。

しかし、その「嬉しい」という意味が、聞いているとちょっと違う。

「ほかに電車に誰が乗ってるかいうたら、コロナなんか気にせんと遊んどる子が多かったりするんよ。そういう子って、だいたい服装が派手やん。普段やったら、そんなん見いへんけど、人がおらんやろ？　前とかちょっと近くに座ったりしたら、足とかパンツとか、見放題やねん。わかるやろ?」

それはさすがに、気持ちわかります、とはなかなか言えない。

そんな空いた車内での楽しみを見出していたある日、変なことがあったのだという。

梅田から阪急電車に乗って、神戸方面へ向かっていたときのこと。

「昼前やったかな。尼崎の市内を抜けたあたりなんかな。その日は車両にはワシ以外は左右見ても誰も座ってへん。最初は一人か二人、みんな距離を開けて座ってたのが、途中でみんな降りてしまった。ああ、一人になったなあと思ったら、えらい丈の短い白いワンピースを着た綺麗な女の子が乗ってきて――」

その若い女性が剛田さんの向かいのシートの端、ちょうど斜《はす》向かいになる位置に座った。

「携帯見ながら座ってはったんや。で、足を組んでこっちに太ももを見せてくるわけや」

見せているわけではないと思う、と言うと、剛田さんは声を少し強めて言う。

「いやいや、でもすごい見えんねん。普通やったら恥ずかしくて見ないけど、誰もいてへんからしっかり見れるわけやねんけどな。睨《にら》まれたら怖いやん」

怖い話なのかな?　と不安になったのを見越したように、剛田さんは今度は声を潜めた。

「いやいや、もうちょい待って。――それで、その女の子の足見てたんやけど、ほんま綺麗な足で、見るぶんにはもう感動的なほどやってん。ほんま綺麗な足、しかもちょっと汗ばんでんねん。たまらんやろ?」

剛田さんいわく、虫刺されもない、ツルツルの真っ白の足だったそうだ。だからこそ目が離せなかったのだともいう。

「そしたらその女の子な、急にふくらはぎを掻きはじめたんや。ああかゆいんか、そんな足に爪を立てたら、もったいないなと思ってその手元をじっと見てたんよ。そして女の子が手をパッと離したときに――」

そのふくらはぎに歯型があったのだという。

もともとそういう傷がついていたんじゃないんですか? と訊くが、

「いや、絶対についてない。座ったときから見てたもん。そんなもんついとったら、最初から気がついてるわ」

まさに、人の歯の痕《あと》だった。

「歯型だ」と思った瞬間に剛田さんの座席の下、足の間を何かが通り過ぎた。

犬かと思ったのだという。わさわさした毛が静電気を伴っているような感覚が、左のふくらはぎの裏から右に抜けた。

その瞬間に、動物園でも嗅いだことがないほどの獣臭が鼻を襲った。

「それが鼻んなかにずっと残って、ああ臭ーっ！　って。足のとこを抜けてったなんかの臭いやと思うんやけど、周りを見てもなんもおらへんねや。なんやこれ？　と思って、女の子のほうも気になるから見たら、また足の歯型のあるところを掻きだしたんやな。目を凝らして見てたら、次の瞬間、歯型が消えたのよ」


ちょうど電車は王子公園駅を抜けるあたりだったというが、あのあたりで動物園の獣臭などは、まずしないのである。

「ワシ、いったい何を見たんやろな、なんの歯型やったんやろな」

灘区のマンション（灘区）

Fさんは十五年ほど前、付き合っていた彼女がいた。

彼女は当時、灘区にある阪急電鉄の六甲駅からほど近いマンションに住んでいた。

このマンションは当時でもかなり古い建物で、壁も土壁だった。

一階は家主が喫茶店を営み、奥さんは占いをしていた。

二階部分は家主の住まいで、三階から五階までが賃貸物件となっていた。


Fさんの彼女はマンションの四階に住んでいた。

住んで気になったのが、上下階に人が引っ越してきても、早くて二週間、長くても数ヶ月で出ていってしまうことだった。

また、毎日のように家鳴りとは違う音のようなものが頻繁に聞こえる。

仕事から疲れて帰ってきて、お風呂に入っているときに頭を洗っていると、必ずと言っていいほど、風呂場のドアをドンドンと二回叩かれる。

もちろん彼女はひとり暮らしだ。

彼女はこういった怪奇現象には慣れすぎて、

「うるさい！　もうええって！」

と、怒鳴り返していた。


そうした日々が続いたあるとき、仲の良かった友人から、同棲していた彼氏と別れて住む場所がなくなったと相談を受けた。

彼女は「うちのマンションに住んでもいいよ」と快く迎え入れた。

ただし、男は絶対に連れ込まないというのが条件である。

友人は条件を承諾し一緒に住むことになった。

当然、以前からある家鳴りではない音やお風呂のドアノックは続いているのだが、友人はあまり気にしてないのか、それともただ鈍感だけなのか、いずれにしてもそこまで怖がっているようすはないようだ。

彼女が仕事から帰ってくると、別の部屋で「ガタン」と物音がする。友人が帰ってきているのかと思って部屋に行くと、「ただいまー」と友人が玄関のドアを開けて帰ってくる――そうした現象がたびたび起きた。

また別の日には、もっとおかしなことがあった。

彼女が仕事で友人が休みの日、仕事中の彼女に友人から「プチ整形したよ」と、二重瞼《まぶた》にした画像付きのメールが届いた。

その画像にはニッコリと笑う同居人と、その後ろに無表情で睨みつけるサラリーマン風の男性が見切れている。

それを見た彼女は激怒した。男を絶対に連れ込まないという約束があったからだ。

「男は連れ込むなって言うたやろ！」

帰宅した彼女が友人を問い詰めると、予想外の答えが返ってきた。

「なんのこと？　わたし、男どころか、女の友だちですら誰も連れ込んでないよ」

友人はきょとんとした顔ですっとぼけてみせる。

――写真撮って送ってきたくせに……。絶対、嘘ついてる。

彼女は、友人が嘘をついていると思い込んでいた。しかし、友人は誰も連れ込んでいないと言い張る。何度も追及したものの、なおもすっとぼける友人に対し追及するのも阿呆らしくなって相手にするのをやめた。
結局、この日の言い合いがきっかけで二人の仲は冷え切り、友人は家を出ていった。

彼女がひとり暮らしに戻ってしばらくした、ある晩のこと。
寝ていると突然、身体が動かなくなった。金縛りである。
この家に住んでから怪奇現象はたびたびあったが、金縛りは初めてだ。
初めて「怖い」と思った。
目だけは動かすことができ、部屋の天井が見えた。
もう何分経ったのかわからない。
――どうしたら解けるのだろう。
そう思っていると次の瞬間、足首をつかまれて強く引っ張られた。
――えっ。
引っ張られた勢いで、足首をつかんでいるものが見えた。年配の女性だ。
足を引っ張る力はどんどん強くなっていき、とうとう布団から出てしまった。

彼女はさらに引っ張られて、部屋からも出てしまいそうだ。

古いマンションなので部屋と廊下の境目には段差がある。彼女は背中にガタンガタンという、段差を越える感触を覚えた。

足首をつかんだ女性はそのまま玄関へ進んでいく。

いったいどこに向かっているのか。

そのとき、冷静になってきた彼女は、

――あっ！　玄関の鍵、持ってない！　このまま出てしまったらどうやって家に入ればいいのだろう……。どうしよう！

と考え、焦りはじめていた。

何も悪いことはしていないが「すみません！　すみません！」と、頭のなかで必死に叫び続ける。

いよいよ玄関だというところで、フッと金縛りが解けた。

ゆっくり目を開ける。すると薄暗いなか、天井が見えた。

先ほどまで寝ていた布団にいる。

――夢か。

そう思ったが、奇妙なことに気がついた。寝ている布団が、まるでいままさにベッドメイキングでもしてもらったかのようにきれいな状態なのだ。掛け布団の四隅がピシッとベッドの四隅と揃ってかけられている。

いくら先ほどの引きずられた記憶が夢だとしても、この布団の状況はあり得ない。そもそも布団に入ったときに崩れているはずだからだ。

もしあのまま玄関の外に連れていかれていたら……と思うと、いまでも背筋が寒くなるという。この体験が一番怖かった、と彼女は語った。

その後、彼女はFさんとお付き合いのうえ結婚し、マンションから退去した。

彼女はこのマンションに約十年間暮らしたそうだ。そのあいだ、友人の紹介で何人か霊感があるという人が見にきてくれたこともあったが、誰ひとりとして部屋まで入ることのできた人はいなかったという。

彼女が退去したあと、住む人もいなくなったのか、マンションは取り壊しになった。

六甲駅近くのその場所には現在、一軒家が建っている。

旧ハンター住宅（灘区）

18ページで前述した、「ポートタワーの怪」の話を教えてくれた杉村さんから聞いた話である。

当時、同じエレベーターガールに木村さんという先輩がいた。恐怖体験が豊富な方で、身に起きたことをたびたび教えてくれていた。いま思えば、エレベーターガールは怪談好きが多かったそうだ。

木村さんはポートタワーに勤める前、旧ハンター住宅で働いていた。

旧ハンター住宅とは、王子動物園内にある明治期に建てられた洋館だ。国の重要文化財に指定されている。

もともと一八八九（明治二十二）年頃に中央区北野町に建てられ、のちにイギリス人実業家のE・H・ハンター氏が買い取り改築を施したためこの名称で呼ばれている。

一九六三（昭和三十八）年に王子動物園内に移設された。塔屋がついた広大な二階建てで、石造りでモルタルが塗られた外観やシャンデリアやステンドグラスが設えられた豪華な内装は、当時の外国人富裕層の屋敷のイメージそのままだ。


木村さんはこの旧ハンター住宅の管理や案内の仕事をしていた。

基本的にはひとり勤務だったそうだ。

じつは前々から、ここに幽霊が出るという噂は聞いていた。しかし、勤めはじめてしばらくは、とくに何も怖いことは起こらなかった。

しかし夏を過ぎたあたりから、少しずつ不思議なことが起きはじめる。

お客さんがおらず邸内にひとりきりのとき、二階から足音がするようになったのだ。

はじめは建物が古くて家鳴りがしているのかと思ったが、明らかに人の気配がする。

人がいないのはわかっているので、努めて気にしないでしばらく勤務を続けていると、奥の部屋から何者かが覗いているのを見るようになった。男が上半身だけをこちらに出して覗き込んでいるのだ。

やがて、建物にお客さんがいるときでも二階に上がると、視線を感じるようになった。

「怖いから見ぃひんようにしてるけど、主張が強すぎて……」

と、木村さんは言っていた。

このような不思議な体験をしたものの、あえて同僚には言わなかった。わざわざ言って怖がらせるのも申し訳ないと思ったからだ。だが、ある日、

「日ぃ落ちるん早なってきたし、怖いよな？　大丈夫？」

と、同僚に聞かれて、「確かに怖いですね」と答えると、

「もしかして、木村さんもわかる人⁉」

と驚かれた。話を聞くと、その同僚も自分とまったく同じ体験をしており、常に何かの視線を感じていたという。同僚はご年配の男性のお客さんから、

「あんたアレが見えへんのか？　ピアノの前に男の人、立っとるやろ！」

と言われたこともあるそうだ。

明治期に建てられた古いお屋敷――あたかも〝出そう〟な雰囲気の場所だが、そういうところにはイメージ通りやはり出るのかもしれない。

迷い家《が》（長田区）

「ちょっと田中くん、相談があるねんけど」

数年前の夏、十年来の付き合いがあるかおりちゃんという女性から、そんな連絡があった。どんな相談事だろうと思いつつ、ひとまず彼女と数日後、直接会って詳しい話を聞くことにした。


当日、十八時頃に神戸三宮駅で待ち合わせた私たちは、近くのファミレスに入った。

席につくなりかおりちゃんは、

「田中くんなら信じてくれるかと思って……。それに何かわかるんじゃないかと……」

と、少し周囲を気にしながら、遠慮がちに話しはじめた。

それは、たしかに不可解な話だった。

当時、かおりちゃんはカメラマンのアシスタントをしていて、須磨《すま》区で八十歳過ぎの祖母と、一匹の猫とともに暮らしていた。

おばあさんは数年前、ベッドから落ちて大腿骨を骨折してしまい、長田《ながた》区にある病院に入院していたが、そのときはもう退院して元気に過ごしていた。

かおりちゃんが仕事から帰って晩ご飯を食べ終えると、二人でよく晩酌をしていたという。

その日も二人でお酒を飲みながら、テレビを見るでもなく、なんとなく流していた。ちょうど日本テレビの『世界の果てまでイッテQ！』が放送されていて、女性タレントがとある部族と交流するようすが流れていた。その部族は腰に布を巻いて、全員がほとんど裸だったという。

それを見たおばあさんは、ふと何かを思い出したように、

「もう命は長くないやろうし……。他人に言っても信じてもらえないから、かおりには言っとくわ」

と、秘密を打ち明けるように語りはじめた。

それはかおりちゃんも初めて聞く話だった。

前述したように、数年前におばあさんは大腿骨を折り、長田にある病院に入院していた。そのときの出来事だという。

手術をしてから数日が経ち、病院のベッドで寝ていると、おばあさんは夜中に目が覚めた。

あたりは真っ白で、病室中が眩《まばゆ》い光に包まれていたという。

目を細めながら確認すると、その光はボーリングの球ぐらいの球体になって、ゆっくりとおばあさんのほうに迫ってきた。

目が痛くなるくらい強い光であった。

そんなものが自分の身体に近づいてくることに恐怖を覚えたおばあさんは、耐えられなくなってベッドから降り、横にあった車椅子に乗って自力で部屋を出た。

途中、焦って車椅子から転げ落ちてしまった。

なおも光は迫る。必死に這い、壁をつたいながらなんとか逃げると、気づけば一階に降りていた。不思議なことにそのあいだ、病院内には人の気配がまったくなかった。

病院の外に出ると、外には黒いスーツを着て、帽子をかぶり、白い手袋をした男が立っている。

その男は、「お待ちしておりました」と言い、黒い霊柩車のような車に乗るよう促してくる。見知らぬ人だが、どこか安心感があったため、おばあさんはその男に従い、助手席に乗り込んだ。すると、「出発しますよ」とひと言告げて、男が車を走らせた。

車は知っている街並みを抜け、長田の山のほうへ進みはじめる。

山道をしばらく走っていると、不意に後ろに人の気配を感じた。おばあさんが後部座席を見ると、そこには折り重なるようにして、何人もの人が乗っていた。さらに奇妙なことに、その人たちはみな全裸の女性だったという。

何時間経ったのか、それとも数分しか経っていないのか……。時間の感覚が曖昧《あいまい》なか、車は山奥で停車した。

そこには集落があった。木の柵のようなもので囲われている。

こんなところに村があるとは、おばあさんは知らなかった。

「降りてください」

運転手の男にそう言われて、おばあさんは車を降りた。後部座席の女性たちもゾロゾロと降りてきた。

運転手の男が村の入口に行き、ひとりの女性と何かを話す。

数分ののち、おばあさんのもとに戻ってきて「住んでもいい許可がおりました」と言ってきた。

さすがに不安になりながらも、なぜか従ってしまい、おばあさんは村に入った。

その村は女性だけが住んでいて、しかも全員裸。言葉は通じなかったという。

村では、ある三人家族にお世話になった。母親と双子の娘である。娘はだいたい七、八歳くらいに見えた。

彼女たちはやはり言葉が通じないものの、いろいろと世話を焼いてくれた。おばあさんは裸足で、着ていた病院の服も汚れていたため、その家族が着替えを用意してくれた。

彼らは家というよりも小屋のようなところに住んでいて、室内には家財道具などはほとんどなく、お粥《かゆ》のようなものを食べていたという。

妙に居心地がよく、誰もが優しかったため、おばあさんはそこで数日暮らした。

大人たちは近くのオブラート工場で働いているらしく、昼間は双子の娘たちが相手をしてくれた。おばあさんのほかに服を着ているのは運転手の男だけで、言葉もその人しか通じない。村から少し離れた場所に住んでいた彼には通訳の役割もあったようで、どうしても村人とコミュニケーションが取れないときは、彼を訪ねて通訳をしてもらった。

しかし、村での生活が一週間ほど続くと、やはりだんだんと心細くなってきて、おばあさんはどうしても帰りたくなってしまった。

運転手の男の家を訪ねたおばあさんは、「家族も心配してるだろうから、いますぐ帰りたい」と懇願した。すると、

「どうしても帰るのですね。いつまでもいてくれていいのですよ」

と止められたが、「どうしても家族に会いたい」と言うと承諾してくれた。

運転手に連れられて村の入口まで行くと、そこで振り返るよう指示された。

目の前には、十人ぐらいの女性が並んでいて、真ん中にいた村長らしき人が少し前に出てきた。すると、両端からそれぞれ双子の娘が出てきて、列の中央に向かって歩きはじめる。彼女たちは葉っぱでつくった器を腕に抱えていた。見ると、そのなかには塩が入っている。

村長のところまで来ると、二人は器に入っていた塩を同時に空に撒いた。

それを見て、並んだ女性たちが全員で拍手をした。この儀式のようなものは、三回繰り返され、終わると運転手が「これで帰れますね」と言った。

村人に別れを告げて、男が運転する車でもとの山道を戻る。

いつの間にか窓の外には見慣れた神戸の街並みが広がっている。ぼんやり眺めていると病院に到着した。ちょうど一週間前、光の球に追われて病院を出たのと同じ、深夜の時間帯だった。

病室まで運転手が付き添ってくれて、おばあさんをベッドに寝かせてくれた。

「たいへんお世話になりました。ありがとう」

とお礼を言うと、運転手は帽子を取って会釈し、微笑《ほほえ》んだ。

そこまで話すと、おばあさんはかおりちゃんに、

「死ぬまでにあの人たちにお礼がしたい。その村まで車で連れていってほしい」

と頼んできた。

また、「村でもらった服が残っている」と言って、かおりちゃんに実物を見せた。

たしかにそれはいままで家のなかでは見たことのない服で、とても古い生地でできていたという。

その不思議な体験は、手術時の麻酔で意識が朦朧《もうろう》としている最中に見た光景なのかもしれないし、一種の臨死体験のようでもある。死が迫ったときに見ることがあるという、異世界なのか……。

そもそも、入院時におばあさんは足の骨を折っていたわけだから、車椅子なしで病院を出ることなどできない。だが、かおりちゃんはおばあさんが嘘をついているようにも思えないという。

おばあさんの話をどう受け止めればいいのか——。

ひとりで悩んでいたかおりちゃんから一連の話を聞いた私は、彼女と一緒におばあさんが言う「村があった場所」へ行ってみることにした。

車で長田区の山のほうへ向かい、おばあさんの話を手がかりに捜索してみた。しかし、それらしき村はどれだけ時間をかけて探しても見つからない。

村が見つけられないのであれば、大人たちが昼間に働きに出ていたというオブラート工場を探してみよう——。そんな作戦も虚しく、やはりオブラート工場が存在した形跡すら見当たらなかった。

かおりちゃんのおばあさんは現在もいたって元気だ。

村の体験は、そのときに夢を見ていたのか、それともただの妄想だったのか……。

たしかに兵庫県には隠れ里なる伝説も残っているし、純粋な心の持ち主だけがたどり着ける「迷い家」という伝承もある。「迷い家」の伝承では、その場所から何かひとりでも物を持ち帰ることができれば、その人に幸福が訪れるという。

今回、かおりちゃんのおばあさんは「服」を持ち帰った。

この不思議な体験は、おばあさんとかおりちゃん、そして一匹の猫が住むその家に、幸せが訪れる前兆なのかもしれない。

恋愛弁天（兵庫区）

夜をのこす　寝覚に聞くぞ　あはれなる　夢野《ゆめの》の鹿も　かくや鳴くらん

これは西行法師《さいぎょうほうし》の歌で、兵庫神戸の夢野（現・神戸市兵庫区夢野町）という場所のことを唄っている。

昔、夢野には鹿の夫婦がいた。男鹿には妻とは別に、淡路島の野島に妾《めかけ》の鹿がいた。ある夜、男鹿は背中に雪が降り、すすきが生える夢を見た。

本妻の鹿は偽りの夢判断をして、射殺されて塩を塗られる前兆だといって、男鹿が妾のもとに行くのを止めたが、男鹿は妾の鹿恋しさに出かけていき、途中で船人に見つかって射殺されてしまった。

この鹿の夫婦の伝説がもとになって、「夢野」というロマンチックな地名が生まれた。

この夢野に、じつは神戸最強の恋愛パワースポットが存在する。

それが、湊川公園から一キロほど北（山側）へ進んだ場所にある、氷室《ひむろ》神社である。氷室という名のとおり、氷を保存するために使用したという洞窟が残っている場所で、日本神話の時代から数えて約一八〇〇年の歴史をもつ。ご祭神は、仁徳《にんとく》天皇と縁結びの神様として知られる大国主大神《おおくにぬしのおおかみ》、そして七福神のひとり、弁財天《べんざいてん》と同一視される市杵島比売命《いちきしまひめのみこと》の三柱。

境内には、この市杵島比売命を祀《まつ》る〝れんあいべんてん〟なるお社《やしろ》がある。ここが神戸最強の恋愛パワースポットなのだ。

ここは神戸のデザイナーで知人の横山創一《よこやまそういち》さんが注目し、怪談作家の吉田悠軌《よしだゆうき》さんが雑誌などの媒体で世のなかに広く紹介し、人気になった場所である。

〝れんあいべんてん様〟の力は凄まじく、どんな恋の願いも聞いてくれるそうだ。

弁天様に手紙を書いてここにある「愛のポスト」に投函し、恋愛成就の願い事を叶えてもらうのだ。

その際、気をつけなければいけないのが、相手のことをできるだけ詳しく記すということだ。身長や体重はもちろん、性格、血液型など、可能な限り詳細に書いたほうがいいらしい。

ある知人男性は、手紙にできるだけ詳しく相手のことを書いたものの、性別を書き忘れ、すべての条件を満たした男性が来た事例もある。（知人男性は女性が好き）

また、「愛のポスト」には手紙代として二百円払わないといけないが、それを払い忘れた知人が交通事故にあったこともある。〝れんあいべんてん様〟は、約束は守るが、厳しい側面もあるのだ。

私ももちろん行ったことがある。神戸に住んでいた頃、前述の横山さんの仕事を手伝っていて、よく二人で恋愛成就のお参りに行っていたのだ。もちろん、出会いたい理想の異性の特徴を詳細に書いて投函した。しかし、（A型の人がいいって書いたけど、やっぱりB型のほうがええなぁ）などと、家に帰ると気が変わったので、一週間も経たないうちにまたお参りに行って、別の特徴を書いた手紙を投函した。

当時は暇だったからか、そんな〝お願い事の修正〟を何度も何度もおこなった。だから〝れんあいべんてん様〟も愛想をつかしたのか、参拝した知人が良い出会いをするなか、私だけはついぞ良縁に巡り合うことはなかったのである。

ここから記すのは、そんな〝れんあいべんてん様〟のご利益にまつわる不思議な体験談である。

ヤスユキさんは二〇一九（令和元）年頃、大阪の谷町九丁目にある風俗店のユウコさんにハマッてしまった。

ユウコさんは女優の有村架純さん似で、とにかく優しくて、癒し系で、人に頼るのが苦手な感じの女の子。最終的にはお店のナンバーワンになったが、ヤスユキさんにはナンバーワン嬢に本来かかる特別指名料や正月の特別料金は無しで会ってくれた。

彼は約一年ものあいだ、月に二、三回はお店に通っていた。

しかしあるとき、急にユウコさんから出禁をくらい、ＬＩＮＥもブロックされてしまった。お店のホームページを見ると、まだ彼女は在籍していたので、ヤスユキさんがただ出禁になったわけである。

なぜか理由はわからない。嫌がる行為や本番強要をした覚えはない。ただ、ヤスユキさんは推しの風俗嬢に会えなくなりショックを受けたものの、もしかしたらいつか出禁が解除になって会えるだろう、と軽く考えてもいた。

しかし、ついにはユウコさんはお店のホームページからも消え、完全に消息不明になった。

ヤスユキさんはいても立ってもいられなくなり、インターネットで知った関西屈指の縁結びのご利益があるという噂の氷室神社へ行くことにした。

季節は春。彼は初めて氷室神社を訪れた。ひっそりとして小さな神社だなと感じた。女性の参拝客がほとんどで、男はヤスユキさんぐらいだ。

藁《わら》にもすがる思いで参拝した彼は、愛のポストにも手紙を入れた。シンプルに「ユウコさんと会いたい」と書いて投函した。

半信半疑だったので、百円しかお賽銭を入れなかった。

すると、彼の願いが通じたのか、一週間も経たないうちに、大阪の十三《じゅうそう》での飲み会の帰りにたまたまユウコさんに会ったのである。

時間があったので、出禁の理由やいまは何をしているのか詳しく聞いた。

出禁の理由は、ヤスユキさんがユウコさんに入れ込み過ぎていたように見えたそうで、破産するのではないかと思ったかららしい。大阪の谷九（谷町九丁目）のお店を辞めたのは、その店舗で嫌なことがあったからだという。いまは十三の風俗店で働いていた。

それから彼は、十三の風俗店に通うようになったのだが、三ヶ月くらい経ったときに、またユウコさんはお店から消えて消息不明になってしまった。

前回の氷室神社の件があったので、お礼を兼ねて氷室神社へ行った。

また会いたい、とユウコさんの詳しい内容の手紙を書き、ポストに投函した。このときは彼女の名字もわかっていたので、フルネームで書くことができた。

お賽銭箱には千円札を入れた。

すると、次は二ヶ月くらい経って、大阪の京橋での飲み会の帰りに、また偶然ユウコさんに会うことができたのだ。弁天様のご利益としか思えない再会だった。

話を聞いてみると、もう風俗の仕事が嫌になってしまい、精神的にも落ち込んで（以前より精神科に通っていたらしい）大量の睡眠薬とお酒を一緒に飲んでしまったとのことだった。意識が朦朧としているところを偶然、実家からようすを見に来た母に発見された。

自殺未遂と間違われてそのまま徳島の実家に戻され、一ヶ月ほど精神病院に入院させられていたそうだ。本人によれば、自殺するつもりではなかったそうであるが。

その際、風俗で働いていることが母にバレて、お昼の仕事をすることと、母と月に一度の面会することを条件に、また大阪に来ることが許されたのだという。いまは牛丼屋でアルバイトをしている。

しかし、精神的にも不安定なので、アルバイト先で当日欠勤したりして、なかなかうまくいかないらしい。

このとき、ヤスユキさんは体調が治るまで働かなくていいから自分と同棲しよう、と提案した。弱っているところにつけ込んだわけではない。純粋に、ユウコさんのことが心の底から心配だったので思わず口をついて出た。

すると、お試しということで、二週間くらい通い同棲をしてもらうことになったのである。

二週間の通い同棲の結果、とくに問題がなかったので、正式に同棲することになった。ヤスユキさんの熱意が通じたのか、はたまた〝れんあいべんてん様〟のご利益が効いたのか、彼の願い事はついに叶ったのである。

そして、いざ同棲をはじめるという日——

またもや連絡がつかなくなり、ユウコさんは消息不明になった。

これまでにも、たまに一週間ほど連絡つかなくなることがあったので待っていたが、今回はなかなか連絡がつかない。

「そうだ、氷室神社だ！」

二度も助けてくれた〝れんあいべんてん様〟なら今回もどうにかしてくれるに違いない。彼はまたも氷室神社に行き、手紙を書いてポストに入れた。

今度は三千円を入れた。

しかし、一年以上経った現在でも、ユウコさんを見つけることができていない。

二回も再会させてくれた氷室神社のパワーをもってしても会えないということは、もしかして自殺してしまって、この世にいないのでは……と、いまは考えているという。

本人は死ぬつもりはなかったと否定していたが、それでも一度、自殺未遂の経験があるので、もしかしたらという可能性は拭《ぬぐ》えないのだ。

通い同棲のとき、お互いの信用ために、免許証のコピーを交換していた。

残念ながらユウコさんの実家は記載されていないものの、探偵事務所に頼めばこの免許証を頼りに人探しができるだろう。

しかし、もし本当に亡くなっていると断定されてしまったら……。

そう思うと悲しくなるので、敢《あ》えて探偵に依頼していない。

どこかで生きていればいいいな、と心の片隅で想っている。


「ユウコさんともう一度会いたいので、近く〝れんあいべんてん様〟にまた行くつもりなんです」


そうヤスユキさんは語ってくれた。

しかし――私は、もう行かないほうがいいと忠告した。

もしユウコさんがもうこの世にいないのであれば、〝れんあいべんてん様〟は願いを叶えるために、ヤスユキさんをあの世に連れていくのではないかと思ったからである。


ヤスユキさんの前にはいまもユウコさんは姿を現さないそうだが、私の忠告を守って彼は氷室神社へは参拝に行っていない。ユウコさんに会いたいという本音を抑えながら、現在は致し方なしに別の〝推し〟を見つけている。

その相手もまた、風俗店で働いているそうである。

夜の車内　（山陽電鉄）

緊急事態宣言、第一回目の頃のことである。

いまとは違い、終電間際の山陽電鉄の車内は、人影もまばらであった。

もちろん時間帯も関係しているだろう。山陽姫路発、神戸・大阪方面行きの車内は、疲れた仕事帰りの人たちや、こっそり営業している飲み屋で遊び疲れた酔客がちらほらといるものの、混み合うようすはなく、ゆったりとした雰囲気だった。

四十代男性の田中さん（筆者とは別人）は、発車まで時間があるので、携帯電話に目を通していた。

飲んでいたわけではないが、仕事の疲れが溜まっているのか、だんだんと眠くなってくる。田中さんが降りる駅はちょうど終点だったので、何も気にすることなく寝ることにした。

少しして、大きな揺れを感じて意識が戻った。

すると、自分の左隣に人の気配がする。

不意にシャンプーの甘い香りが漂ってきた。

（めっちゃええ匂い……女の子や……）

そう内心で喜んでいると、停車駅が近いのか、車両のスピードが落ちてきた。

田中さんは寝たふりをして目をつむったまま、シャンプーの匂いを楽しむことにした。

車両の揺れとともに、隣に座った女の子の髪の毛についた芳《かぐわ》しい匂いが、ふわりふわりと香ってくる。

やがて列車が駅に到着し、扉が開く音が聞こえた。それほど時間を置かずに、扉の閉まる音がして、ガタンと音を立ててふたたび動き出す。

すると、発車時の車両の揺れによって、隣の女の子の頭が田中さんの肩に乗った。

思わずドキッとしてしまう。

突然のことに固まっているほかなかったが、首筋をくすぐる柔らかく細い髪の毛に気分を良くして、

（めっちゃラッキーやな、今日……）

と、なんとも言えない感慨に耽《ふけ》っていた。

次の停車駅までは、まだ少し時間がある。

車両が揺れるたびに触れる肩口。鼻腔をくすぐる甘いシャンプーの匂い……。

田中さんは、ついにあることを心に決めた。

おれも、くっつこう。

いままでおとなしく匂いと時折の接触で満足していた田中さんだったが、ついに自ら動きだす。目をつむって寝たふりをしたまま、偶然を装って隣の女性にもたれかかる決断をした。さあ、少しずつ頭を下げていって……。

と、そのとき。

女の子が目を覚ましたらしく、せっかくのいままでの距離感もなくなってしまった。

（まさか、バレてる……？）

そんな、わずかな戸惑いを覚えた田中さん。

しかし、ここまできて少し距離があいた程度では諦めない。車両の揺れに合わせて、そっと、そっと、身体を寄せていく。

ガタンゴトンと車輪の音が、やけに響くなか、ついに少し大きな揺れがやってきた。

(いまだ!)

先ほどから軽くこちらに体重をかけていた女の子へ、田中さんはそっと、身を寄せた。

次の瞬間——

スカッと、身体が空を切る。

そこにいるはずの女の子の身体がなく、そのまま田中さんは真横へ空振りし、座席の上に半身を投げ出す形になってしまった。

(避けられた……⁉)

わざとではないと誤魔化そうと、いま揺れで目が覚めたと装って目を擦《こす》りつつ、「すみません……」と言いながら隣を見る。すると——

いない。

女の子の姿など、どこにもない。

それどころか、そもそも車内には田中さんしかいない。

あまりに予想外な展開に、呆然として固まってしまった。

けれども、先ほどまでのたしかに感じ、いまも肩に残る暖かな感触は、決して夢ではないはず……。あの甘い匂いだって……。

「寝ぼけてたんじゃあないんですか？」

私がそう尋ねると、田中さんは、

「そうかもしれへんけど、座席に倒れていくあいだも、ずっと匂いだけはしててさ。それが、その……倒れてく途中から汗の匂いもしだして……。すり抜けるあいだ？　って言っていいんか？　座席に当たる寸前まで、部分部分の匂いだけは、あったんよ」

そう最後に語った。

街から人がいなくなっていた時節柄、ふだんは人ごみにまぎれていた何かが、そっと夜の車内に現れていたのかもしれない。

呑吐ダム　（北区・三木市）

神戸市北区のすぐ北側、兵庫県三木市にさしかかったあたりに、呑吐《どんど》ダムがある。

一九八九年に竣工した重力式コンクリートダムで、志染川《しじみ》（山田川）を堰《せ》き止めて「つくはら湖」という巨大なダム湖を形づくっている。

このダムの建設に際して、衝原村《つくはら》という集落がダム湖の底に沈んでいる。

また、湖での入水自殺も多く、バス釣りで溺死した人など、発見されていない遺体が湖底に沈んでいるという噂も囁《ささや》かれている。

そうした経緯からか、つくはら湖周辺は地元では有名な心霊スポットとなっている。

それに加え、ダム湖の南にある衝原トンネルでも、女の幽霊が出るともいわれている。

そんなつくはら湖はバス釣りでも有名で、釣り人がよく訪れる場所でもある。

前田さんも、そんな釣り人のひとり。バス釣りが大好きで、呑吐ダムに来ていた。

彼は釣りをするときは毎回、奥さんに車で呑吐ダムの駐車場まで送ってもらっている。帰りのだいたいの時間を伝えて、駐車場まで迎えに来てもらうようにしていた。

その日もいつものように奥さんに送ってもらってバス釣りに来た。

呑吐ダムに到着すると、そこからは穴場スポットを求めて徒歩でいろいろと探し回っていた。

その日は誰ひとり先客のいない、いかにも釣れそうな雰囲気のある穴場を初めて見つけた。この場所に決めると、気分の高揚を感じながら、前田さんはさっそく釣りをはじめた。

すると、釣りをはじめるや否や、ひどい耳鳴りがしてくる。

貧血かな？　ヤバいな。

そう思い、目線を足もとにやると、隣にブーツを履いた人がいた。

えっ！　と思い、目線を上げると誰もいない。

周りを見渡しても、誰もいなくて前田さんただひとりだ。

おかしいな、気のせいかな？

そう思いながらも、体調もすぐに戻ったのでまた釣りをはじめると、また同じように耳鳴りがする。

頭を抱えながら、同じように目線を足もとにやると、先ほど気のせいだと思っていた、ブーツを履いた足がまた見えた。

しかし、目線を上げると誰もいない。

同じことを十分ほどのあいだに数回は繰り返した。足もとを見ると、ブーツの足が見えるが、顔を上げると誰もいないのだ。

——気味が悪い。耳鳴りも続いて体調も良くないし、せっかくの穴場やけど帰ろう。

そう思って前田さんは釣りをやめて帰ろうとした。

その瞬間、先ほどよりもさらにひどい耳鳴りに襲われ、立っていられなくなり、その場に座りこんだ。

自然と目線が足もとにいく。

やはり隣にブーツを履いた足があった。

しかし身体が重くて動かない。

するいと、先ほどまではその場に立っているだけだったブーツの人が、座り込んだ前田さんを中心に、周りをグルグルグルグルと回って歩きだしたのだ。

耳鳴りだと思っていたのが、だんだんと悲鳴やうめき声に変わっていく。

これはヤバイと思い、無理矢理に身体を起こす。

立ち上がってすぐさま周りを見渡すと、やはり誰もいない。


今日は釣りをやめて奥さんに迎えにきてもらおう、と家に電話をかけた。

しかし、伝えていた迎えの時間よりも早すぎて、奥さんは電話に出てくれない。

少しして、すぐ折り返しの電話がかかってきた。

「どうしたん?」

奥さんが電話口でそう言ったとき、前田さんの後ろからまたもや悲鳴とうめき声が聞こえてきた。

恐怖を覚えながらも、とりあえず迎えに来てほしいと伝える。奥さんも、「いろいろやることがあったのに……」と、若干不機嫌になってはいるが、迎えに来てくれることになった。

車を待っているあいだもずっと、たくさんの人の悲鳴とうめき声が両耳の近くで聞こえていた。

いつも迎えに来てくれる駐車場に移動するも、隣にべったりとくっついているかのように、声もついてくる。

その状態のまま二十分ほど待つと、ようやく奥さんが迎えに来てくれた。逃げるように前田さんは車に乗った。

帰りの車中もずっと悲鳴とうめき声は聞こえていたが、家に着いて駐車場に車を停めた瞬間に、ピタっと聞こえなくなった。

あくまで噂だが、つくはら湖周辺には、得体の知れない死体や、表に出せない殺人の死体などが捨てられているらしい。

もしかしたら、前田さんが足を踏み入れたバス釣りの穴場は、死体を沈める穴場だったのかもしれない。

祟りの木

（北区）

〝祟りの木〟というものをご存じだろうか。

道路の真ん中や施設のなかなど、不自然なところに生えているご神木のことである。たとえば、山梨県甲州市、ＪＲ中央本線の甲斐大和《かいやまと》駅近くの線路にはみ出したホオノキがとくに有名な例だろう。電車の邪魔になるからと枝払いをしたところ、関係者が次々に謎の死を遂げたという恐ろしい木だ。怪談作家の吉田悠軌さんの著作に詳細が書かれている。

ほかにも、大阪の谷町六丁目近くの歩道にそびえている榎木《えのき》大明神や、近くにある楠木大神も、伐《き》ろうとすると不慮の事故に遭い伐採が断念されたと伝わる。

こうしたいわくがあり、伐ることがタブーとされていまも残っている木が〝祟りの木〟と称されるのだが、じつは私はとある筋から、神戸にも祟りの木があるという情報を入手した。

その木が生えている場所は、神戸市北区長尾町の某所。大きなニュータウンに挟まれ、高速道路の近くにありながらも、川沿いを中心に田畑のなかに住宅が点々とある長閑《のどか》なエリアだ。

細い血管のような農道が網目状にいくつも交錯している地域のなかで、道が丁字に交差する、とあるポイントに例の木は立っている。航空写真で見てみると、ちょうど交差点のすぐ脇に木があり、枝葉が茂っているために交差点そのものが緑色の丸で隠れているようになっている。カイヅカイブキという種類の木だそうだ。

なんらかの施設に侵食していたり、道路の真ん中に立っていたりするわけではないのだが、これも伐採ができない〝祟りの木〟であるらしい。

そう聞いた私は、怪異を収集するオカルトコレクターとして、いても立ってもいられず、現地に行ってみることにした。

二〇二三年九月中旬。

暦のうえでは秋に差しかかっているはずだが、まだまだ体感的には夏真っ盛りのような日だった。

神戸電鉄三田《さんだ》線の某駅を下車した私は、例の木を目指して、炎天下のなかをただひたすらに歩いた。周囲は田畑が広がっているばかりで、日光を遮《さえぎ》るものなど何もない。

この地獄のような道のりを、四十分ほどひた歩き、私はついに例の木と思しき場所にたどり着いた。

日陰が涼しい――それが最初の感想だった。

木をよく見てみれば、根元はギリギリ農地の区画内に収まっているものの、そこから伸びる枝葉は水平方向に広がっており、交差点のうえに覆いかぶさっているような形だ。

根元は二、三段に積んだブロックによって円形に囲われ、その高さぶん、なかに土が入れられている。この敷地の持ち主によって管理されているようだ。

農地側に回って見ると、根元のブロックが一部だけ抜けている箇所があり、二段ほどの低い石段になっている。その上に高さ一メートルほどの赤い鳥居が立つ。奥の木の幹の前には、石づくりの小さな祠《ほこら》があり、ミニチュアサイズのお稲荷さんや燭台なども置かれている。どうやら、地元の方によって手厚く手入れされているようだ。

この木がどうして〝祟りの木〟なのだろうか。

一見すると、とても素朴な信仰の木といった雰囲気だ。

私は、この木にどんないわくがあるのか、付近の家を回って聞き込み調査をしてみた。するとある家の方が詳しい情報を教えてくれた。


「私も人から聞いた話なのですが……。あれは戦争中に、戦地に行った方が無事に帰れるように、どなたかによって植えられたそうです。昭和二十年に戦争が終わっても、その木をずっとどなたかが管理されていて、稲荷のようなものを設置したらしいです。ほら、あの裏にある祠、見たでしょ？　そして、伐ろうとしたり、枝に当たった方が火事に遭ったり、亡くなったりなど、そんなことが多かったので、みんなで気をつけましょう、と言ってるらしいです。つまり民間信仰だけど、神様を勝手に作ったみたいなかんじです。そして、枝を切るときはお祓いをして、ちゃんとした方が定期的に切っているらしいです。だから、呪いとか祟りというのはちょっと大袈裟かもしれないですね。戦争の木といったほうが近いかもしれません。あの木の近くには、私の友人であるYさんという方の家がありますす。Yさんもあとからこの土地に引っ越してきたので、ご近所の方に『あの木には触らないように』と言われているらしいです。

過去に亡くなった人がいるだけでなく、いまも実際に足を怪我した人もいるみたいです。もしかしたら、木が憑代《よりしろ》になって、何か別の悪いものが入っちゃっているのでしょうかね……」


つまり、この木はもともと戦地に行った方が無事に帰れるように、という願いが込められた、いわゆる〝願いの木〟であったのだ。

それがいつしか触れた者を傷つける〝祟りの木〟へと変貌した。

こうした事例はほかでも聞いたことがある。

人々の願いが祟りに変貌する――その要因は、いったいなんだったのだろうか。

ご近所の方が言うように、木が憑代になって別のものが入り、悪さをしているとでもいうのだろうか。

この木については、引き続き調査を継続していこうと考えている。

池（三木市）

私のひとつ上の先輩である森くんは、工務店で働いている。森くんのお父さんが経営しているので、実質次期社長だ。

重要文化財の補修から店舗作りなど、その工務店の仕事は多岐にわたる。場所も、神戸の市街地から田舎の家まで幅広く手がけていた。

私が神戸で暮らしていたとき、その工務店でよくアルバイトをさせてもらっていた。店舗の納期に間に合わないときなど、深夜に駆り出されて寝ずに仕事をやったものだ。森くんとはプライベートでも仲が良く、何もなくてもご飯に連れていってくれたりした。

森くんの工務店は、垂水《たるみ》区にあった。それと別で、大きな倉庫もあり、それは神戸市の北側に位置する三木市にあった。

　三木市は水田をはじめ豊かな自然が充実し、市街地である三宮からも車があれば三十分から一時間程度で到着する。ちょうどいい田舎「トカイナカ」の街として知られている。


　あるとき、森くんから連絡が入った。

「ちょっと倉庫まで荷物取りに行くから、手伝ってくれへん？」

と言う。用事がなかった私は、

「わかりました。ご飯奢《おご》ってくださいね」

と返し、昼過ぎに森くんのハイエースに乗って三木市の倉庫に向かった。

　倉庫に向かう道すがら、唐突にこんなことを聞かれた。

「おまえ、千体地蔵って知っとう？　あそこ、夜通るときけっこう怖いねんな」

「あー知ってますよ。日に日にお地蔵さんが増えていってるところでしょう」

　千体地蔵とは、森くんの倉庫に近い場所にある。行基菩薩《ぎょうきぼさつ》が山肌の砂岩に刻んだといわれる地蔵菩薩像を中心に、現在に至るまでのあいだに祀られてきた数多くの石のお地蔵さんのことだ。

子どもに恵まれない人が、地蔵さん一体を持ち帰って祈願すると赤ちゃんが産まれる、とのご利益があるといわれている。願いが叶うと、新しい地蔵をつくって、借りた地蔵と一緒に返す。そうしたサイクルを経て次々と地蔵の数が増えるわけで、真新しい数々のお地蔵さんがいまも増えていっている。

「あっ！」

ちょうど千体地蔵の前を車が通り過ぎようとしたとき、何かを思い出したかのように森くんが車を止めた。

サイドブレーキを引き、こちらを見ながらニヤニヤ笑っている。

「あそこの……ちょっと丘になってるところ、あるやろ？」

そう言って指を差す。

そちらを見ると、緩やかな坂道の両側に水田があり、その上が丘になっている。

「あの丘、登ったら大きい池があるから、そこ見てきてくれへん？」

と、悪巧《わるだく》みした顔で言ってきた。

こうなったら従うまでしつこいので、「わかりました」と答え、車を降りた。

早く終わらせたかったので、小走りで水田を通り過ぎて丘に登った。

なにかびっくりするようなものでもあるのか。どうせ気持ちの悪いものがあるんだろうな……。

そう思っていたものの、予想とは裏腹にそこには水が澄んだ、大きくてきれいな池があった。

私は拍子抜けしてその場をあとにした。

車に戻ると、森くんは笑いながら、

「どうやった？　ヤバない？　めっちゃヤバいやろ？」

と聞いてくる。

「いや、すごいきれいな池じゃないですか？　何がヤバいんですか？」

「いやいや……墓、墓」

「え？　何もなかったですよ」

私がそう言うと、森くんは真剣な表情になり、運転席から降りてその丘に走っていった。

そして息を切らしながら戻ってくるなり「おかしい、おかしい」と言う。

三日前ぐらいにひとりでその池を見にいったときには、池は水が汚く、池いっぱいに無数の墓がびっちりと捨てられていたそうだ。
それを僕に見せてびっくりさせようとしていたらしい。

その後も森くんは、おかしいと言いながら車を走らせた。
まるで狐に化かされたようだった。

その池をあとにしながら、私は先ほど見た池の景色を思い返した。
すると、少しだけ違和感があったことを思いだした。
その池の対岸に、ボロボロになった古いお墓がひとつだけぽつんと見えていたのだ。
対岸へ回り込む道はなかったように思う。
あの場所にはどうやってたどり着くのだろうか。
そして、いったい誰のお墓なのだろうか。

縁切りマンション　（北区）

「いま思えば、変な家だった」

二十代女性のりささんは、かつて家族で生活していた北区某所のとあるマンションをそう振り返った。

彼女がそこへ入居したのは、まだ小学校へ通う少し前の頃だった。

新築のマンションということもあり、同時期に入居した家族も多く、友だちもすぐにできた。

充実した幸せな生活が何年も続いたが、彼女が思春期を迎える頃、小さな違和感を覚えた。

ほかの家族が次々と引っ越していくのだ。

近い時期に入居した家族や、自分たちよりもあとに来た家族が、次々にこのマンションから出ていく。

それだけなら大した話ではないのだが、その理由がすべて離婚だった。

ある家は旦那の浮気。

ある家は事業の失敗。

ある家は家庭内暴力。

——など、きっかけはさまざまだった。

入居した頃はとても円満に見えた家族が、このマンションに来て数年で一家離散する。

家族連れが次々といなくなっていき、残っているのはりささん一家と、その上の階の家族だけになった。

ある日のこと。

中学校から帰ると、階段の踊り場で煙草を吸う男子高校生の姿が目に入った。

彼は上階の家の長男で、いわゆる不良であった。

そういえば、彼は夕方いつもここにいる。

「なんでいつもここおるん？」

りさんが尋ねると、

「うちにひとりでおったら、なんか変なやつが出よんねや」

――変なやつ？

何が出るのか少しだけ気になったが、このときは深く考えず、そのまま「じゃあ」と言って別れた。


その日の夜のこと。

「きゃっ！」

りさんがお風呂から上がったとき、妹の悲鳴が聞こえた。

濡れた身体をタオルで拭《ふ》き、急いで妹の部屋に行く。

尻餅をついてガタガタと震えている妹がいた。

妹は前方を指差している。

「姉ちゃん、見て……」

そう言って指示した先には、箪笥が置いてある。

その上に、乳幼児の頭部が置かれていた。

異様に大きく膨らんでおり、感情のない冷たい眼で二人をじっと見ていた。

あまりの恐怖に二人が呆然としているうちに乳幼児の頭部は消えたが、しばらく震えが止まらなかったという。


産まれたての子どもは、幸せな家庭の象徴であると思う。

ところが、異形となって現れるそれは、真逆の存在のようにも感じる。

上階の男子高校生が言う「変なやつ」とは、この子どもの頭のことだったのだろうか。

ちなみに、彼の両親も早くに離婚している。

群衆事故　（明石市）

二〇〇一（平成十三）年七月二十一日、ＪＲ山陽本線の朝霧《あさぎり》駅の南側、国道二号および二八号をまたいで大蔵海岸へ至る朝霧歩道橋において、大規模な事故が発生した。

その日は第三十二回明石市民夏まつり花火大会が同海岸で催されており、一帯は多くの見物客でごった返していた。花火の打ち上げが終わった二十時三十分頃から、会場から駅へ帰る人たちが歩道橋へ殺到し、橋上は一平方メートルあたり約十三人を超える超過密状態となっていた。

そして歩道橋の南端、幅が狭くなっていわゆるボトルネック構造になっていた階段手前で、人々が折り重なるように倒れる〝将棋倒し〟の状態になってしまう。結果、全身圧迫によって十一名が死亡し、一八三名が負傷するという甚大な被害が出た。統制の取れない人の集団によって発生した、いわゆる〝群衆事故〟である。

近年では韓国ソウルの繁華街・梨泰院《イテウォン》においても同様の事故が起きたことは記憶に新しいだろう。そんな悲惨な事故が、ここ兵庫県でも起きていたのだ。

この「明石花火大会歩道橋事故」が発生した朝霧歩道橋にはその後、慰霊碑「想《おもい》の像」が設置され、犠牲者が追悼されている。

そしてたいへん不謹慎ではあるが、この朝霧歩道橋は地元で心霊スポットとして噂されるようになった。

浜田さんが大学生だった頃、友人が数人で朝霧歩道橋へ肝試しに行った。

駅も近く、とくに怖い雰囲気もない場所で拍子抜けしたそうだが、途中で仲間のひとりがものすごい形相で「帰ろう」と言いだした。

理由はわからなかったが、みんなも怖くなったので、帰ることにした。

その日の夜中、友人が家で寝ていると、奇妙な夢を見た。

夢のなかで友人は、正座しているような体勢をとっている。手は背中で縛られており、上半身は丸まって顔は下を向いている。とても窮屈な姿勢だ。

自分はどこにいるのだろうか——そう思い、目だけを動かして周りを見る。

周囲の至るところに、人間の身体らしきものが見えた。動かず、ただそこでぎゅうぎゅうに敷き詰められている死体の群れの上にいるようだ。まるで、あの事故が起きたときの歩道橋の惨状のような……。

すると、自分の背中側に気配を感じた。首を動かせないので直接は見えないものの、不思議と状況はわかる。

自分の背後に、あのものすごい形相の友だちが立っている。

その友だちが自分の背中を刃物のようなもので何度も何度も刺してくる。

あまりの恐怖に彼は「ごめんなさい！　ごめんなさい！」と叫びながら目を覚ました。

目が覚めると、彼はベッドではなく、自宅の玄関にいた。

部屋はとても散らかっていたのだが、そこを寝たまま這って移動してきたのだろうか。それとも、夢遊病のように寝ながら立ち上がって歩いてきたのだろうか。どちらも考えづらく、とても不思議であった。

彼は、夢のなかと同じ体勢でうずくまっていた。

そして、頭を下げていた方角が、あの朝霧歩道橋の方角だった。

「肝試しなんてふざけてやったら、絶対にあかん」

と、友人は浜田さんに教えてくれたという。


余談であるが、この歩道橋の前にある朝霧駅は、列車への飛び込みが多い駅として知られている。不思議とホームの東側から飛び込むケースが多い。

朝霧駅には私も何度も行ったことがある。ホームの東側から見える光景は、目の前に海が広がりとりわけきれいだ。

もし死ぬつもりの人がここを訪れ、このきれいな景色を見たのだとしたら、

——ここだったら、死んでもいいかな……。

と考えて、最期の地に選んでしまうかもしれない。

そんな場所で群衆事故は起きたのである。

やけど　（明石市）

芦屋市にお住まいの鎌田さんという方から聞いた話である。

鎌田さんの父親は七人きょうだいで、みな明石市に住んでいる。

この家族が、ある時期を境に突然、トラブルに見舞われるようになった。


父親の姉は、明石市でお好み屋を営んでいる。

いつも何十枚も鉄板でお好み焼きを焼いている、いわばプロの料理人だ。

そんな姉が鉄板で右腕に大火傷《やけど》を負った。このとき、ふだん使っている鉄板がなぜだか異常な熱をもっていたことが原因だったようだ。

そのわずか三日後のこと。

今度は父親の弟までも大火傷を負った。

直径一・二メートルほどの業務用の大きな釜を開けたとき、とんでもない勢いの蒸気が襲い、上半身が焼け爛《ただ》れる重傷を負ってしまったのだ。

なんでも、ふだんではあり得ないほど高い温度設定になっていたらしく、釜の蓋を開けた途端、勢いよく噴き出してきた蒸気をまともに喰らってしまったらしい。

立て続けに、通常ではあり得ないような大火傷を負う――。

「二人揃って大火傷なんて、何かあるんちゃう？　しかも三日しか経ってへんうちに立て続けになんて、なんかおかしいで」

親族はそう口々に言った。わずか三日間のあいだにきょうだいの二人が重度の火傷を負うなど、たしかに尋常ではないだろう。

やがて、何かがあるのではと考えに至った父方の家族は、祖母ときょうだい四人で〝林崎《はやしざき》のカミサマ〟へ相談に行くことにした。

この方は、明石市の林崎に住んでいる女性である。霊能力を持っており、多くの方が相談に訪れ、地元では〝カミサマ〟と慕《した》われているのだ。

この方に相談すれば、相次ぐ火傷の真相や解決法がわかるかもしれない、そう思い、祖母たち家族は林崎まで行ったのである。

訪ねるなりさっそく相談してみると、カミサマは奇妙なことを言う。

「お母様（鎌田さんの祖母）の親族で、水による事故で男性の方が亡くなった方がおられるでしょう。事故のあと、きちんと供養もされていなかったみたいです。その墓をきれいにして供養してほしいと訴えています」

とのことだった。では、その墓をきれいにすればすぐに解決するだろう——そう一同は安堵しかけたが、祖母だけが疑問を覚えた。

「そんな人、おらんねんけどなぁ……」

祖母によれば、親族で水の事故で亡くなった男性など、まったく身に覚えもないというのだ。とはいえ、地元で多くの人に慕われ、さまざまな問題を解決してきたカミサマが、デタラメを言うはずもない……。

一同は首を傾げながらも、今回の件は偶然の事故が重なっただけに違いない、と無理やり自分たちを納得させるしかなかった。

林崎に赴いてから約一ヶ月後のこと。

またもや家族が火傷を負った。

しかも、今度は鎌田さんの父親自身である。

父は電気技師であり、大手企業の工場における大規模改修工事に携わっていた。

この日、現場の工事に際して、ブレーカーを落としてすべての電気を遮断した状態で作業していた。はずだったのだが――

なぜか勝手にブレーカーが上がっており、父は高ボルト電圧で感電してしまったのだ。

父は全身に大火傷を負い、しばらく生死の境を彷徨《さまよ》うことになった。

この事故に関しては、徹底的に現場検証がおこなわれたそうだ。

ただ、その結果はじつに不可解極まりないものだった。現場自体が工場の大型改修工事に際しての作業だったため、そのあいだずっと工場は停止状態であり、高圧ブレーカーも当然、停止状態のはずだったのだ。

しかし、現にブレーカーは上がっていた。勝手に上がっているなど、常識では考えられない。大手企業の安全管理上、絶対にあり得ない事故だったのである。


「やっぱり偶然やなかったんや！」

「三人目も……もう次は死ぬかもしれへん」

「もう一度、カミサマのところへ相談行こう！」

父の事故を受け、親族はパニックに陥りつつも、改めて〝林崎のカミサマ〟に相談に行くことにした。

林崎のカミサマの家へ行って、水の事故で死んだ親戚などいないようだ、何か新しい情報・対処法はないか、とみなで懇願する。

すると、カミサマが言ったのは——前回とまったく同じ内容だった。

この結果に、みな途方に暮れてしまった。

明日は我が身。自分もいずれ大火傷を負って、そして命を落とすかもしれない……。

「ひょっとすると……本当に水で死んだ親族がおるんかもしれんなぁ」

きょうだいのうちの誰かが言った。

「それや！　もうそれしかない！」

カミサマが二度も言うのだから、そうに違いない。というか、解決方法はその可能性しかもう残っていない。

家族総出で、いまや疎遠になっている遠方の親族に連絡を取った。

水で亡くなった方がいないか、必死に親族をたどって確認していく。

すると、鎌田さんの祖母のかなり遠い親族の方で、若くして溜め池で亡くなっている方がいたことがわかったのである。祖母も、幼少期に数回ほどしか会ったことがなかったそうだ。

これでようやく解決する……一同は安堵した。

あとはその親族の墓を探すだけである。

しかし、これもかなり難航した。時間をかけて探すも、なかなか見つからない。

疎遠になっていた親族の家やその近隣の家に何度も足を運ぶ。

そうして聞きとりをすると、亡くなられた溜め池の近くでついにお墓が見つかった。

周囲は雑草に覆われて、傍《はた》からは見えないような状態であった。

墓石は、倒れた状態で雑草に埋もれていた。

その後、墓石を周囲ごときちんと掃除をして供養した。

以来、身内で不可解な火傷を負う方は出なくなったのだという。

先祖供養の大切さを改めて感じ、自身の子どもたちにもつなげている——そう鎌田さんは語った。

月が二つ　（丹波市）

いまから五十年ほど前のことである。

るかさんは当時、氷上《ひかみ》郡青垣町《あおがきちょう》（現・丹波《たんば》市青垣町）に家族で暮らしていた。父がダムの工事現場で働いていたからだ。

家の前には細い国道が走っており、挟んでその向こうには田んぼが広がっていて、さらにその向こうには集落、その後ろには大きな山がそびえていた。

その日は、九月のはじめ頃。まだ暑かったのを覚えている。

るかさんはお風呂に入り、家の前で母と夕涼みをしていた。

山の上に丸い月が出ている。それを二人でぼんやりと眺めていた。

「あれ……？」

丸い月の隣に、まったく同じ大きさのオレンジ色の丸いものが出ている。

「なんだろう？」

そう思いながら母と二人で見ているうちに、それはヒュッと消えてしまった。

同じくらいの時期、父が働くダムの工事現場で、作業員の事故があった。その人はブルドーザーの下敷きになって死亡してしまったらしい。

そのときも、月くらいある大きな青い火の玉が山の上に現れた。

それを見た工事現場の人は、「誰か事故で亡くなったんだな……」と、すぐにわかったそうだ。

その青い火の玉はなかなか消えず、いつまでもいたらしい。


余談になるが、五十年前の丹波篠山《ささやま》地域はまだ土葬の風習が残っており、死者を座った姿勢で入れる座棺で埋葬していた。るかさんの母は外から来た人なので葬儀は手伝わなくてよかったそうだが、集落の人が座棺を担いで埋葬に行く姿を見たことがあった。

無論、それが青い火の玉や月と関係あるかは不明である。

公園の女　(尼崎市)

尼崎市の杭瀬《くいせ》というイン&ヤンな地域で昭和の青春を過ごし、中学に上がると、無自覚でヤンキーになるわけで、そんな時代の夏。

暇つぶしもとっくに飽きた、夏休み後半のこと。毎日毎日、決まった時間に近所の公園でたむろして、決まった時間に解散するという、健全ヤンキー真っ只中な日々を過ごしていたある日、いつものように公園に向かうと、まだ誰も来ていなかった。

公園の真ん中にドカンと鎮座しているコンクリート造りの滑り台。その中心はトンネル状になっていて、ほら穴みたいにも見える。

そのほら穴に、女が体育座りしてこっちを見ている。

――誰の女や?

遠目で見てもブサイクである。

退屈しのぎに、声をかけにいこうとほら穴に入った瞬間、エゲツない臭いが鼻をついた。近所のクソ貧乏な家のニワトリ小屋が腐った臭い以上だと感じたのは、クソ暑い夏のせいか。

——なにしとん?

むせかえる臭いのなか、かろうじて聞くと、彼女はずっとここに住んでる、と言った。

よく見ると、顔や腕はガサガサで水分がまったく感じられない。

目は間寛平のオバアちゃんメイクのような小さな三角形で、明石家さんまのアミダばばあのようなボサボサな金髪は輪ゴムで束ねられている。

彼女は、名前をリコといった。

短いスカートから覗く太ももだけは、真っ白でスベスベな女だった。

他愛のない話をしたと思う。

覚えているのが、髪を束ねているのは輪ゴムではなく、自分の毛を抜いてつくった自毛紐だったことや、足だけは自慢という話。

臭いやガサガサの肌のことには触れなかった。

成人してからアル中&ヤク中の先輩から聞いてわかったのだが、自毛紐は警察の留置所で長い髪を束ねるときに編み出された知恵だと聞いて、ホンマかいなと思いながら、このときのことを思い出した。


いつもなら仲間の何人かは来てもよい時間のはずなのだが、まだ誰も来ない。

それどころか、昼間だというのに、やけに静かな気がしたのをなんとなく覚えている。

仲間のひとりに叩かれて、目が覚めた。

目が覚めた途端に意識が朦朧として、何が起こっているのかわからなかった。

辺りはもう陽が落ちている。どうやらほら穴で寝てしまっていたらしく、全身が汗でぐしょぐしょだ。きっと脱水症状を起こしていたのだろう。

仲間がスポーツドリンクを買ってきてくれてそれを思いきり飲んだ。

少し頭もはっきりしてきたので、なんとか立ち上がろうと腰を上げると、脇に五十センチほどの人形がちょこんと座っている。

——え？　なに？

公園なのだから、人形が置き忘れられることもきっとあるのだろう。

そう思いつつ人形をよく見ると、目はタバコか何かで焼かれ、黒くなって潰れている。腕も同じようにライターか何かで焼かれ、ところどころが溶けて穴があいている。ボサボサの金髪は自毛紐でクルクルと束ねられ、短いスカートから覗く足はきれいなままだ。

足の裏にはマジックで「リコ」と書かれている。

しかし、脳にこびりつきそうだったあの臭いがしなかった。

その代わりに人形からは当時流行《はや》ったムスクの香水の匂いがした。

この香水を周りでつけているのは、横にいるKしかいない。

Kに人形のことを尋ねると、ガムをクチャクチャさせながら、毎日退屈で暇やったから、夜にひとりここに来ては人形に拷問してた、と語った。

Kはニヤニヤしながら、噛んでいたガムを人形の口に押しつける。

そのKが一酸化炭素中毒で死んだと聞いたのは、中学を卒業してからずいぶん経ったあとのことである。

優しい手　（西宮市）

甲斐さんの父の名前は兵武《ひょうぶ》という。

兵武は戦時中に西宮で生まれ、七歳で神戸の空襲で家を失い、岡山に疎開をしている。

これは、その空襲のときの話だ。


兵武の父親は、彼が三歳のときに亡くなっていて、当時は母親、姉、妹、弟そして兵武の五人暮らしだった。

兵武は夙川《しゅくがわ》尋常小学校の一年生だったが、戦争中なので入学しても、勉強らしい勉強はなく、穴を掘らされたり、バケツリレーの練習をしたり、竹やりの訓練をしたり、といった毎日を送っていた。

一九四五（昭和二十）年三月十日の東京大空襲を皮切りに、アメリカ軍による日本への都市に対する無差別焼夷弾爆撃が本格化していった。

空襲が神戸・西宮にも近づきつつあり、敵機が頻繁に頭上に飛来しては偵察していた。

六月五日の朝、兵武が登校すると、ついに空襲警報が鳴った。すぐに兵武は家に帰らされた。

家に着くと、母親がイチゴジャムをつくっている。

当時は砂糖もイチゴもとても貴重だったので、甘いものが大好きな兵武は「イチゴジャム、イチゴジャム！」と、とてもはしゃいでいた。

そのとき、また空襲警報が鳴りはじめ、すぐあとに空から焼夷弾が降ってきた。

焼夷弾は火がついたまま降ってくるので、あっという間に木造家屋ばかりの街は火の海になった。

母親が妹と弟の手を引き、姉は先に走り、兵武も一緒に近所の防空壕に向かった。

しかし、走っている途中でイチゴジャムのことを思い出した兵武は「イチゴジャム！取ってくる！」と言って引き返した。

家へ戻ると、近所の家々が燃えだしている。

兵武はジャムの鍋を手に、また防空壕に向かって走っていった。

防空壕の前まで来たが、ものすごい勢いで火が燃えていて兵武はなかに入ることができず、イチゴジャムの鍋を持ったままオロオロするほかなかった。

やがて、どうにも為すすべがなくその場に立っていると、炎のなかからとてつもなく大きい手がニュッと現れ、兵武をわしづかみにして防空壕に引き入れてくれた。

おかげで兵武は無事だったが、引き込まれた拍子に鍋ごとイチゴジャムをぶちまけてしまい、怖かったのとジャムがもったいなくて、防空壕でひとり泣いた。


しばらくすると空襲警報が鳴りやんだので、表に出た。

街は一面焼け野原になっていた。もうみんなの家はなくなっている。

ただ、幸いにも家族はみな無事であり、そのまま岡山の親戚の家に疎開をすることになって、西宮をあとにした。

甲斐さんはこの話をあらためて、夏休みに帰省したときに父から聞いた。

父に、「火のなかから出てきた手は、誰の手だったのか、結局わからなかったの？」

と聞くと、

「わからなかったけど、とてつもなく大きい手だったから、亡くなった父が引き入れてくれたような気がする」

と言っていた。


兵武が体験した空襲は、一九四五年六月五日にあった神戸大空襲である。東は西宮から、西は神戸の垂水区まで広範囲にわたって甚大な被害があった。市街地の六割が焦土と化し、住宅地や工場地帯はことごとく焼き尽くされた。

これは、スタジオジブリのアニメ映画『火垂るの墓』の主人公たちが遭った空襲と同じ日だ。もとになった原作者の野坂昭如《のさかあきゆき》氏の実体験では、その舞台も西宮であるので、ほぼ同じ場所といえるだろう。

甲山と宇宙人（西宮市）

西宮市街地の北側に甲山《かぶとやま》という山がある。西宮や甲陽園《こうようえん》の駅からバスが出ているほか、仁川《にがわ》や甲東園《こうとうえん》から徒歩で行くこともできる。

この山は、標高三〇九・二メートルの低山で、まるでお椀《わん》を逆さまにしたようなきれいな円錐《えんすい》形をしているのが特徴だ。大部分が甲山森林公園になっており、四季折々の表情を見せる山麓はハイキングのほか、ジョギングやバードウォッチングなど多くの人が自然を感じに訪れる人気スポットだ。園内には江戸時代におこなわれた大坂城改修の際に石材が切り出された跡があり、東六甲石丁場跡として国指定史跡になっている。

このように豊かな自然や歴史から多くの人で賑わう甲山だが、じつはこの山自体も含め、周辺はオカルトな噂が絶えないミステリースポットでもある。おもな伝説の概略を少しだけご紹介しよう。

一、古代ピラミッド

美しい円錐形の山容から、この地が古代ピラミッドの遺跡だとする都市伝説。ピラミッドとされる似たような山に、秋田県の黒又山《くろまたやま》や奈良県の三輪山《みわやま》などがあり、それらと同一の遺跡だといわれている。

二、UFO基地

六甲山の地下には人知れずUFO基地があり、その出入口が甲山にあるという都市伝説。詳細は後述するが、実際にUFO撮影会も開かれている。

三、夫婦《めおと》岩

甲山山頂から北山貯水池を挟んだ西側にある大岩。県道八十二号の真ん中に鎮座しており、なんでも、道路開通に際して撤去工事を請け負った業者の関係者に怪死が相次いだことから、いまもどかされることなく道路に置かれているという。

四、牛女伝説

夫婦岩の北側三百メートルほどのところにある鷲林寺《じゅうりんじ》に、かつて頭が牛で身体が人間である牛女がいたという噂。かの有名な小松左京のホラー短編「くだんのはは」の舞台が芦屋なので、この伝説が元ネタかもしれない。

ただし、寺のホームページによると、もともと牛女の伝説は西宮市街が舞台で、寺は無関係だそうだ。空襲で市街地が壊滅したとき、牛の屠殺場にあった座敷牢から幽閉されていた牛女が逃げだし焼け跡に現れたという噂を当時の新聞が掲載したことが発祥らしい。その舞台が鷲林寺とされたのは、荒神の眷属《けんぞく》として祠の両脇に祀ってある牛を、誰かが牛女と結びつけて噂が広まったのではないか、とのこと。現在、寺には若者たちが肝試しに来ないよう「〝牛女〟は残念ながら引越しされました」と書かれた看板が設置されている。

以上が甲山周辺で語られているおもな都市伝説である。ほかにも細かな怪談話や伝説、噂の類は数あると思うが、おおむねこんなところだろう。甲山一帯は、阪神地域屈指のミステリースポットなのである。

＊

前述した四つのミステリーのうち、二番目のＵＦＯ基地伝説に関しては一時私も熱心であった。これから記すのは、二十年ほど前に私自身が体験した不思議な出来事である。

当時はオカルト全盛期。テレビ番組でも心霊やＵＦＯ、未確認生物などがよく特集されており、世間はいまよりもっとオカルトへの注目が高かった。

そんな時期、西宮に日本で一番ＵＦＯの写真を撮影できると評判のＭさんという写真家の方がいた。

その日、Ｍさんは甲山付近のカフェでＵＦＯイベントを開催した。実際に野外でＵＦＯの写真を撮影したり、ＵＦＯに関するトークディスカッションをしたりといった、ＵＦＯマニア垂涎の催しである。

私は知人に誘われてそのイベントに行ってみた。

甲山でMさんと一緒にいれば、いくらでもUFOの写真が撮れるらしい。

というのも、MさんはUFOとコンタクトを取ることができる、いわゆる〝コンタクティ〟であり、UFOを思いのままに呼べる人なのだ。

なんでも、Mさんはある宇宙人と契約を交わしていて、UFO許可証なるものを所持しているという。それを空に掲げると、許可証を見た宇宙人が「あ、Mさんや」と気づいて姿を現してくれるそう。

Mさんの話によれば、UFOはふだんからそこらじゅうに飛んでいるが、透明になって姿を消しているため我々には見えないのだそうだ。そこでUFOを見たり写真を撮ったりするために許可証が必要なのである。


そのイベント自体には五十人ほどが参加した。

まずはカフェのベランダに出て撮影会をするのだが、会がはじまってから驚いた。

五十人いる全員が皆、UFOの写真を撮影できたのである。

「これはUFO撮れましたねー」

「あ！　あなたも撮れてますねー」

といった会話が方々から聞こえてくるなか、私だけがなぜかいっこうに撮ることができない。おかしいなぁと思い、ほかの参加者の写真を見てみると、さらに驚いた。

――虫やん。

どう見ても、ぼやけた虫なのだ。

夏場、自然豊かな山のうえから空に向かって撮るので、どうしてもそこらに飛んでいる羽虫が入り込む。それがぼやけて黒い物体のように写っている。それを見た参加者がみなＵＦＯだと言って喜んでいたのだ。

「撮れたあぁぁ！」

やはり虫だろうと疑念を抱いていたとき、あるひとりの参加者がひと際大きな声で叫んだ。その写真を見てみると――。

カナブンだ。今度はぼやけている虫どころか、虫自体に完全にピントが合っていて、はっきりとそれがカナブンであることがわかる。

さすがにこれは言わなあかんなと思った私は、皆が「これはＵＦＯやなぁ……」と感心しているなか、「これ、虫でしょ」と一石を投じてみた。すると――

「虫型です」

と、まさかの返事。虫型ＵＦＯ……そんなものがあったのか！

私は己の未熟さを猛省しつつ、撮影会は終了した。

撮影会が終わると、今後はカフェの屋内でのトークディスカッションになった。

Ｍさんが一方的に話す講義ではなく、参加者とコミュニケーションを取りながら話題を進める、参加者にとっては非常に満足度の高いスタイルである。

トークがはじまった序盤、まずはＭさんが、自分がコンタクトを取っている宇宙人たちについての詳細を皆に教えてくれていた。

そのとき、異様な事態が起きた。

ガタガタガタガタッ

突然、揺れはじめたのだ。

地震かなと身構えたが、周囲はそんなようすはない。

落ち着いて状況を把握すると、なぜか私の座っている椅子だけが、ガタガタガタッと

小刻みに揺れているのである。

焦りつつ周囲を見ると、すぐに原因がわかった。

右隣に座っている四十絡みのぽっちゃりした、上下グレーのスウェットを着ている女性——彼女の仕業なのだ。左手で私が座る椅子の背もたれをむんずとつかみ、ガガガと小刻みに揺らしている。

なんだと思い顔を見るが、その女性はトークに聞き入っている。

——なんやこの人……。わけわからんし、こわっ！

予想外の事態に恐怖を感じた私は、トークの場であることもあって、女性に何も言うことはできなかった。

その後も揺れは続き、トークディスカッションのあいだ、終始私だけが小刻みに揺れ続けるはめになった。

意味不明の揺れに悩まされながらもイベントは終了し、参加者も三々五々、解散していった。私はMさんと話すために居残っていたので、参加者のなかでは最後のほうにカフェを出た。

甲山から駅の方向へ坂道を下りていく。最初は自然に囲まれた道だったが、途中から住宅地のなかに入り、両脇に家が並びはじめる。

そんな景色のなかぼーっと歩いていると、その日一番驚いた。

家と家の狭い隙間――そこに先ほど右隣にいたあの女性が潜んでいたのだ。

心臓が口から出るほどに驚嘆したが、女性はこちらの表情などまったく気にせず、「兄ちゃん、こっちこっち」と、手招きしてくる。

誘われるがまま家と家の隙間まで行くと、

「ええもん、見したろか？」

そう言いながら、ガラケーをパカッと開けて画面を見せてきた。

――下ネタ見せられたら、きっついなぁ……。

そう思いながら覗き込むと、それはなんとも興味深い映像であった。


どうやら、女性本人が撮影した映像である。

部屋のなかから窓を映している。窓の外に見える電柱などの構造物から察するに、アパートの二階か三階から撮っているのだろう。おそらく女性の自室と思われる。

音声も入っている。

「来い来い来い来い来い」

と、女性がずっと繰り返し言う。やがて、
ヒュン、ヒュン、ヒュン
という風切り音のような音も混ざりはじめた。
すると、窓の下から奇妙なものが現れた。
尖った円錐形を底面で二つくっつけた、真横から見ると縦長の菱形をした銀色の物体が、下からゆっくりと上がってきたのだ。当然、その物体は宙に浮かんでいる。上下の円錐はそれぞれが逆方向に回転し、ヒュンヒュンという音を発している。

そこで再生が停められた。

これは見紛うことなきＵＦＯ映像である。

私は興奮しながら女性に言った。

「これ、めっちゃヤバいじゃないですか！　この動画くださいよ。っていうか、テレビとかムーとかに送ったほうがいいですよ！」

しかし、女性は少し俯《うつむ》きながら、

「これを私が世に出したら……確実に消されるから」

そう言った途端、急に走りだして猛ダッシュで坂を下っていった。

「ええ……」

ひとり取り残された私は、嵐のように去ったその女性の小さくなっていく後ろ姿をただ眺めることしかできなかった。


思い返せば、あの映像はすごい。どうやってUFOを呼び出したのかも気になる。私は可能ならあの女性と連絡をとってもう一度会いたいと思っていた。

UFOイベントから三ヶ月後のこと。

午前三時過ぎの早朝、私は三宮駅の北側にある立ち食いうどん屋にいた。そこでうどんを食べているとき、何気なく横にいたお客を見ると――

なんと、先日の女性が勢いよくうどんを啜っているではないか。

「あ!　あのときの!」

と声をかけると、向こうも私に気づいたような、はっとした表情をした。

と思いきや、急いで店から逃げだしてしまった。

食べかけのうどんを残したまま――。

それきり彼女とは会っていない。あの怯えようを見るに、動画が世に出ると本気で消されると思っているらしい。

であるならば、なぜ私に見せたのか。それもそうだが、あの日なぜ椅子を揺らしてきたのか。それらの真意もいまもって不明である。

夫婦岩　（西宮市）

「民が苦しんでおられますぞ」

そう言うと大介は「来たか」という表情になり、読んでいた漫画本を閉じた。

「……話を聞かせてもらおう」

私と大介は保育園からの幼馴染だ。高校も同じで、卒業してから一度就職したがすぐ辞めて、二十歳前後のときによく私と一緒にいた。

たしかあのときは夏だった。暑かったのを覚えている。

昼から大介の家に行き、漫画本を読み漁っていた。暇というのは怖いもので、私が何気なくボケたことにより、それに乗っかった大介にあんな罰がくだるとは……。

私は大介が霊能者という架空の設定にした。そして神戸にある心霊スポットをすべて除霊してもらうように頼んだ。大介もそれに乗った。

車の免許も取り立てで、どこにでも行ける。その日から私たちは暇ではなくなった。神戸の心霊スポットを探し、夜中に車で出かける。心霊スポットで霊感もない大介が除霊のパフォーマンスをしてくれる。毎日が爆笑の嵐だった。

しかし、スポットも無限ではない。行くところも少なくなってきたし、大介のパフォーマンスにも限界が見えてきた。

ここを最後にしようと思い、選んだのが西宮の夫婦岩である。

夫婦岩は片側一車線のど真ん中に鎮座する大きな岩だ。巨岩が真っ二つに裂けた形をしており、その形から女性器にたとえて通称オメコ岩とも呼ばれている。

心霊スポットマニアにとっては超有名で、数々の噂が絶えなかった。退《ど》けようとしても、工事業者が怪我をしたためにいまの場所に置かれたままらしい。夜中に通ると岩の上で女が着物で踊っていて目撃すると事故に遭うといわれている。

暴走族の先輩Bさんは夫婦岩で記念写真を撮ったが、頭部が半分消えていた。その後、交通事故に遭って頭に怪我を負った。

また、近くには牛女伝説やUFO目撃談、不可解な事件などがあり、一帯は一大ミステリースポットでもある（121ページ参照）。

地元でもあそこは本物だと呼び声も高い夫婦岩に行くのは私も怖かったものの、〝除霊〟をするのは大介である。

「今日で最後になりますが、大介様、夫婦岩にいきましょう。民が困っております」

「最後に大ボスだね。気合が入りますぞよ」

私と大介はノリノリだった。

深夜零時を回った頃、車に乗る。私が運転手で、大介が助手席だ。

真っ暗な山道を走っていると、夫婦岩が見えてくる。

夜の夫婦岩はただならぬ殺気を放っていた。あまり近づきたくなかった私は、車を夫婦岩から五十メートルほど手前に停めた。

停車するや否や、大介はドアを勢いよく開ける。

「ウォーーーー」という掛け声とともにダッシュで、岩をめがけて暗闇を駆け抜けた。

そのまま岩の手前にあった小さな赤い鳥居を蹴り飛ばした。鳥居は森に消えた。

夫婦岩　（西宮市）

そして巨岩が真っ二つになっている夫婦岩の前に立ち「セイー！」と岩肌に正拳突きを喰らわせる。

何発か素手で岩を殴ったあと、一瞬、大介が消えた。

「え⁉」

岩の上に大介が現れた。どうやら裏からよじ登ったらしい。

そこでズボンを下ろす。まさかと思ったが、あろうことか「これでも喰らえ」と小便をしはじめたのだ。

小便を撒き散らしたあと、岩の上から飛び降り、また正拳突きを喰らわせ続けた。

すると、大介が突然倒れた。まるでボクサーが顎を殴られてダウンしたときのように、膝から崩れ落ちた。

バタンと岩の前に倒れ込む。

（おー、今日は最後だから演出が凝ってるな）

そう感心していると、一分、二分経っても起き上がらない。

長いなと思い「もー帰るでー」と声をかけるも、起き上がらず……。少しだけ不安になり、車を降りて駆け寄った。

大介は真っ青な顔をしてぶるぶると震えていた。

震えながら小さな声でごめんない、ごめんなさいと謝っている。

動くこともできないため、なんとか抱え上げて車まで運んだ。

車のなかで理由を聞いても答えず、助手席で俯いたままである。

結局、家まで連れて帰ることになった。

部屋まで連れていき、とりあえず寝かせてから私は自宅へ帰った。

そこからまったく大介と連絡が取れなくなった。


一週間ほど経った深夜、駅前のコンビニに立ち寄ると、大介がいた。

「おい！　大丈夫か⁉　なにがあったんや？」

そう聞けば、かなりキレたようすで、

「二度とあんな怖いところに俺を誘うな！」

と言ってきた。大介自身もよくわからないが、岩肌を殴っていたら気づいたときには倒れていたらしい。全身が寒く、ただただ怖かったとのことだ。

そしてこの一週間のあいだは、ひどい高熱が出て苦しんでいたという。まったく動けず、電話も出られないほどだったそうだ。電話に出なかったことについては、変な煽りをした私に「むかついたから」という理由もあるようだ（岩から小便しろなどとは言っていないのだが）。

さらに、股のあいだが痛くてたまらなかったらしい。

夫婦岩の通称はオメコ岩。その名の通り、股間が祟られたというのだろうか……。

「へんなノリに付き合わすなよ、もう！」

大介は、そうキレながら大股で帰っていった。

ちなみに、関係あるかはわからないが、それから約一ヶ月のあいだ、なぜか大介は異性から異常なほどモテた。元来モテるような男では全然なかったのに……。

夫婦岩の神様も、顎を打ち抜いたのをやりすぎだと思ったのか、祟りだけでなく福のほうも授けてくれたらしい、そう私たちはポジティブに解釈している。

龍　（東灘区）

十五年くらい前、私は神戸の輸出会社で働いていた。北京オリンピックの頃のことだから、二〇〇八（平成二十）年だ。

買い取った中古の什器《じゅうき》やエアコンを中国に売る会社だった。本来なら捨てるためにお金を払わないといけない物を買い取る、という発想は、当時はあまり浸透していなかった。いらないものがお金になるというので、その会社の業績はすごく伸びていて、在庫が常時、倉庫にあふれていた。

この在庫を中古品として転売する目的のほかに、銅か何かを取り出してお金に換える。そんなことをしていると聞いていた。買うのも売るのも、ものすごく需要があって、会社はとにかく儲かっていた。

社長は四十歳手前くらいで、陽気な人。熊本弁でよくしゃべり、よく笑う豪快な人だった。私たち従業員の面倒もよく見てくれて、みんなに慕われていたと思う。仕事終わりに飲みに連れていってくれることも多くて私は好きだった。いつも上機嫌でかっこいいおっちゃんという感じだ。

毎朝十時に住吉《すみよし》にある会社に出勤するのだが、その日は、社長の機嫌が異常によかった。にこにこして「縁起がいい。縁起がいい」と繰り返す。機嫌がいいというか、もう興奮状態だ。

どうしたのか聞いてみたら「朝、龍を見た」という。

それで、写メに撮ったから見てみろと言って、携帯電話を見せてきた。

ハイテンションの社長から渡された携帯を見てみたものの、画面には空が広がっているだけ。龍なんてどこにも写っていない。

青い空と雲だけの写真を見せてきて、社長だけが「ここに龍がこんなにはっきり写ってる」というのだ。ドラゴンではなく、昔話の龍のかたち、と社長は言っていた。

あんまりにも楽しそうなものだから、私も会社にいた同僚も、何も言えなかった。

「ここにおるがな。おるがな」と、とり憑かれたように繰り返す社長は、ただただ不気味だった。

社長は、その写メを拡大してプリントアウトしてきてくれと言う。仕方ないので、私がコンビニに行ってA3でプリントした。それを四枚つなぎ合わせてA1の大きさにして、会社の壁に貼ると、壁一面が埋まった。

社長は嬉しそうに「縁起がいいから、飾っておかないと」と言っていた。

次の日も、社長は昨日とまったく同じテンションで、「龍を見た」と言って、また写真を見せてきた。

今度は別のアングルだったが、やはり何も写っていない。それも大きなサイズでプリントして、また壁に貼った。

三日目にも「龍を見た」と言って写真を見せてきたときは、驚きを通り越して呆れた。

「縁起がいい。縁起が良すぎる。これで会社も安泰や」

そう言ってまた、プリントを壁に貼っていた。

社長が龍を三回見たと言ったちょうどその頃、ほかの企業が、うちの会社と同じような事業を展開しはじめた。すると、あっという間にたくさんの会社ができて、どんどん仕事を取られていった。

一円でも高く買ってくれるほう、一円でも安く買えるほうと、中古品を売る人たちも、買い取ってくれる中国の人たちも、遠慮なくほかの会社に乗り換えていく。

そこからは、早かった。

結局、半年待たずして会社は潰れた。

私と同僚たちのあいだでは、「社長が龍を見てからおかしくなった」と言い合っていた。嘘をつくような人ではないから、社長はたしかに龍を見たのだろう。だが、それが本当に龍で、本当に縁起がいいものだったのかはわからない。

龍を見たことで社長は、明らかに不幸になっていったのだから……。

会社が潰れただけではない。仲の良かった奥さんに突然、包丁で切りつけられたといって、手に包帯を巻いてきたこともあった。

交通事故に遭って骨折もしていた。

その半年のあいだに人相もがらりと変わって、あんなに陽気だった人が、やつれにやつれていた。

当然、私たち従業員の給料は支払われなくなった。

仕方なしに、仲の良かった同僚と二人で大量に残っていたエアコンを持ち出して、トラックに積めるだけ積み、事前に話をつけていた中国人に港で売ってお金に換えようとした。

そのことが社長にバレて、港に着くまでの道でカーチェイスしたことがある。夜の西宮で、ものすごいスリルだった。

カーチェイス以来、社長とは連絡もとっていないので、会社が潰れたところまでしか知らない。

得体の知れない何かを見ても、だいたいは「見た」というだけで、その後、障りがあったり、呪われたりという話は聞かない。害があることはほとんどない。

社長にだけ見えていたものは、いったいなんだったのか。

それがなんであれ、それを見てからおかしくなった、それだけはたしかだ。

社長が見たのは、不幸を招く「何か」だったのだろうか。

スーパーの地下（東灘区）

私の甥っ子の彼女、二十三歳の詩織ちゃんから聞いた話である。

詩織ちゃんは二年前、ＪＲの甲南山手《こうなんやまて》駅近くの某スーパーマーケットでアルバイトをしていた。このスーパーは、一階が売り場になっており、地下に在庫や段ボールなどの資材を置く場所がある。

ある日、彼女が地下に段ボールを捨てに行こうと、エレベーターに乗った。

Ｂ１のボタンを押すと、

「私も乗ります」

と、四十代くらいの女の人が、燃えるごみの袋を持って乗ってきた。

エレベーターの扉が閉じて、ハコが下へ向かって動く。ワンフロアぶんの昇降なので、時間にしてものの数秒だ。

ドアが開くと、詩織ちゃんは驚いた。

いつもの景色とはまったく違うのだ。フロアじゅうに靄《もや》がかかっていて、奥のほうまで見通すこともできない。いつも自分が見ているB1フロアでないのは間違いなかった。

——なにここ……。怖い！

彼女はあまりの光景に足がすくみ、降りることができない。

そういえば！　とあとから乗ってきた女性のことを思い出した。

「本当にここで、降りますか？」

と女性に問いかける。

すると彼女は、「降ります」と言って、降りていった。

女性が降りるとドアが閉まった。

すかさずB1のボタンを押すと、ハコが動いた感覚もなく、またドアが開く。

目の前に広がっているのは、いつものB1フロアであったという。

「あのとき、降りていったら……。わたし、どうなってたんかな？」

そう、詩織ちゃんは神妙な表情をしながら話してくれた。

住吉駅の怪奇事件（東灘区）

東灘区には、住吉という名前の駅が二つある。

南側にあるほうは阪神電鉄の住吉駅だ。周辺は住宅街で、さらに南側には倉庫や工場が広がっている。いまある駅舎は一九二九（昭和四）年に完成したものだが、階段には当時に設えられた丸窓が残っており、モダニズムを感じさせる。

この通称・阪神住吉駅から八百メートルほど北側に行ったところにあるのが、もうひとつの住吉駅である通称・JR住吉駅だ。JR神戸線と神戸新交通の六甲アイランド線が乗り入れ、多くの人が利用する。JRの新快速は停車しないが、新快速の停車駅である明石駅や芦屋駅よりも利用客が多いそうだ。駅周辺には多くの商業ビルが立ち並び、東灘区役所があるなど、東灘区の中心市街になっている。

この賑やかなJR住吉駅で、じつは過去に不可思議な怪奇事件が発生したことがある。当時の神戸新聞の記事によれば、左記のような出来事が起きた。

――二〇〇二（平成十四）年七月二日の午前十時四十五分頃のこと。住吉駅を近江今津《おうみいまづ》発、姫路行きの新快速列車が通過した折、男がひとり列車から飛び降りた。

連結部の外側にしがみついていた男は、勢いをつけて駅のホームに飛び降り、そのままの勢いで、ゴロゴロゴロゴロッと転がって、やがてホームにあるフェンスに激突した。

その光景はホームにいた複数の人間が目撃しているばかりか、新快速の車内からも認識されていた。車内からは連結部付近の窓の外側に人の手や足が見えていたそうで、住吉駅にさしかかった瞬間、ドンッという大きな音とともにその姿が消えたのだという。

新快速列車の速度は、駅の通過時でも時速百キロ以上。そのスピードのままフェンスに大激突した男は当然、悲惨な状態になっていると思われた。しかし、男はなんと立ち上がり、何事もなかったかのようにスタスタと歩いて、そのまま姿を消したのである。

JR西日本はすぐさま警察に通報したが、周囲で病院にかかったようすもなく、男はそのまま行方知れず――。

その男は、全身真っ赤な服を着ていたそうだ。

こんなミステリアスな出来事が住吉駅で起きていたのだ。

時に、「人を轢《ひ》いたと思い急ブレーキをかけたら、どこにも人らしき痕跡はなかった」とか、「人がホームから飛び込むのを見たので咄嗟に非常停止ボタンを押したが、その人は線路から忽然《こつぜん》と消えた」などの怪奇譚を聞くことがある。

しかし、この住吉駅の「何事もなかったかのように歩いて去った」というケースはほかでも聞いたことがない。かなり珍しいケースと言えるだろう。

この出来事は当時相当話題になったようで、先述の神戸新聞によると、

「こんな『途中下車』は聞いたことがない（警察関係者談）」

「新快速から飛び降りて大きなけがもないなんて……。ミステリーだ（鉄道関係者談）」

と、たいへんに周囲を驚かせたことがうかがえる。

電車の外側に乗り、時速百キロから飛び降りて転がったこの男は、果たして人間だったのだろうか。それとも人間の姿をした何かだったのだろうか――オカルト的な想像を膨らませる、まさに怪奇事件である。

――ここまでだと、ただの事件紹介である。

しかし、じつは私はこの出来事の真相を知っているのだ。私しか知らない真実を、この本をお手に取っている読者の皆さまだけに、特別に教えようと思う。

三年前のある日、私は地元で一番喧嘩が強い（と言われている）Jくんという八歳上の先輩とたまたま一緒にいた。このとき、ちょうどこの住吉駅の怪奇事件の話題になり、彼に概略を聞かせていた。

「飛び降りた男って、結局何者なんですかね？　もしかして、宇宙人とかって思ったりもしますけど」

「その男って、たぶんT先輩やなぁ……」

……は？

Jくんは驚くでも不思議がるでもなく、さも当然かのように謎の先輩の名前を挙げた。

「え、Jくん。これ、知り合いなんですか？」

「ああ、俺の二つ上の先輩や。かなりヤバい人でな、小六のときに自転車パクリまくって、レンタル自転車の商売をしてたんや。結局、捕まったけどな」

「そうなんすか……」

「あとな、小学校の校舎って、窓の外側に柵あるやろ。そこにな、外側にT先輩がつかまってブラブラしててん。三階か四階やったかな。そしたらそのまま手を滑らして落ちてもうて……やけどT先輩、無傷やってん」

私は思わず絶句してしまった。

地元の灘にはたしかに個性的な知り合いがたくさんいるけれど、まさかこんな超人的な人がまだいたのか。というか、小学六年生で盗品のレンタル商売をはじめるって……。

「T先輩な、そんときよく電車使ってたんや。塾に通ってたみたいでな。よく塾に遅刻する〜言うて、けっこう日常的に連結部につかまっててん」

「えっ！　マジですか⁉」

「マジやで。六甲道《ろっこうみち》で飛び降りてるとこ、よう見かけたわ。もちろん、時間に余裕があるときは普通にドアから乗ってたらしいねんけど」

Jくんの話によると、T先輩は小学生のとき六甲道駅の近くにある塾に通っていたそうだ。とはいえ、私たちと地元が一緒なので、家も同じ六甲道駅である。どうやら、どこかほかの街へ遊びに行った帰り、地元の塾へ急いで戻っていたのだろう。

遅刻しそうになり走って改札を抜けるも、目の前で電車のドアが閉まる。そこで、ドアの横にある連結部につかまって移動する。そんなことを小学生だったT先輩は日常的にやっていたようだ。

であれば、やはりそのT先輩が住吉駅の赤い男の正体なのかもしれない。というか、そんなヤバい人なのに塾通いしていたのか……。

もっとも、事件が起きたのが二〇〇二年ということは、私より十個年上のT先輩は当時、三十二歳である。もういい大人だ。

もしかしたら、連結部に乗ることはもう小学生で卒業していたものの、すっかり大人になっていた二〇〇二年のこの日、なんらかの致し方ない事情から、一度だけ〝必殺技〟を解禁したのかもしれない。小学生のときはいつも六甲道駅で列車が停止してから飛び降りていたが、このときは一刻も早く住吉に行かねばならないとても深い事情があって新快速に乗る必要が生じ、子どもの頃はしなかった、走っている列車から飛び降りるという超人じみた〝途中下車〟を披露することになったのかもしれない。

果たして、赤い男の正体はT先輩だったのだろうか。

なおも気になっている私は、是が非でもT先輩に会いたくなった。

「Jくん、そのT先輩って人、ぼくに紹介してもらえないですか?」

「いや、それはやめといたほうがええよ」

「え、なんでですか?」

「あの人な、ややこしすぎるから。絡むと間違いなく面倒なことになるから、絶対近づくな」

「ええ……」


ここまで止められてしまったら仕方がない。私は、T先輩と会うのは泣く泣く諦めるほかなかった。

しかし、T先輩とはいったいどんな人なのだろうか。灘で一番喧嘩が強い(と言われている)この人にここまで言わすなんて、きっと相当な人に違いない。

世間を騒がせたミステリーの正体はT先輩だった、そう私は断言したいが、いまだ核心にはたどり着けていない。

母方の祖母　（東灘区）

私の母方の実家は、ＪＲ神戸線の甲南山手駅の南側にある。小さい頃からよく行っていたが、当時はとても活気がある町にあったと記憶している。

いまはもうなくなっているが、当時の甲南山手には森市場という大きな市場があった。過去の記録を見ると、約二千坪の土地に百を超える数の店が軒を連ねる日本最大級の市場だったらしい。一九九〇（平成二）年に施設の老朽化のために閉鎖され、いまはセルバ甲南山手というショッピングセンターになっている。

母方の実家もその森市場で魚屋を営んでおり、遊びに行ったときには「森市場行くぞ」と声をかけてもらい、私も連れて行ってもらっていたものだ。

この母方の実家は、一九九五（平成七）年に起きた阪神淡路大震災によって全壊してしまった。家にいた祖母とその息子である伯父さん（私の母の兄）が、運悪く家屋の下敷きになって亡くなった。

全壊したので建て替え、というか新しくそこへ建て直した。新しく建てた実家は、三階建ての立派な家になり、亡くなった伯父さんの奥さんとその息子であるナオくんがそのまま住むことになる。私にとってナオくんは十五歳ほど年上の頼れる従兄《いとこ》だ。

新しい家が建ってからしばらくして、ナオくんが奇妙なことを言いはじめた。

「毎年な、亡くなったお祖母《ばあ》ちゃんが一度だけ必ず家に帰ってくんねん。奥の仏間に来るんやけどな、それが決まって八月十六日なんよ」

奥の仏間というのは、三階の一番奥まったところにある部屋のことだ。そこには祖母と伯父の仏壇に加え、生前に天理教を信仰していた祖母が持っていた、ものすごく大きくて立派な天理教の祭壇が置かれている。ナオくんはその部屋を寝室として使っており、いつも布団を敷いて寝ていた。

彼いわく、祖母は八月十六日になると、天理教の法被《はっぴ》をまとった姿で、拍子木を鳴らして歌のようなものを歌いながら、部屋のなかに現れるそうだ。

私はあまり詳しくはないが、天理教では歌いながら拍子木をカーンカーンと鳴らす所作があるらしい。

ナオくんは、祖母が現れること事態は別段構わないそうだ。しかし――

「身内やし、お祖母ちゃんやから会いたいって気持ちはあんのよ。やから出てきてくれるぶんには全然いい。やけど、一個だけ厭《いや》なことがあんねん」

「なんすか？　厭なことって？」

「毎年な、違う天理教のおっさんを連れてくるんよ。お祖母ちゃんだけやったらいいんやけどな、おっさんが怖いし厭やねん」

彼によれば、その男性も祖母同様、法被を着て拍子木を鳴らしながら歌っているそうだ。

「やからな……。その日、一回トシ（筆者）も泊まってみろよ」

「そうっすね。そうします！」

私は二つ返事で、泊まりに行くことに決めた。

八月十六日、私は甲南山手駅に降り立った。時刻は夜の十時くらいだ。

母方の実家は駅にとても近い位置にあり、駅の南側を出ればすぐである。なんなら例の三階の仏間の窓はすでに見えている。

駅にはナオくんが迎えに来てくれていた。今日は伯母さんは留守で、ナオくんしか家にいないらしい。

軽く挨拶がてら少し立ち話をしたのち、一緒に家まで行こうとした、そのとき——

「あれ？」

と、ナオくんが言った。何事かと思い、私も彼の目線の先を追う。

パッパパッ……パッパ……

と、仏間の窓が光ったり暗くなったり、不規則に明滅しているのだ。明るいオレンジ色の光で、おそらく部屋の明かりが点いたり消えたりしているらしい。

「え……あれ、なんやろ？」

「もしかしたら、お祖母ちゃんもう来てるんちゃうか」

「ひと、誰かいるんすか？」

「きょう誰もおらへん」

私たち二人は首を傾げながらとりあえずそのまま向かうが、家へ着くまで部屋の点滅は途切れることなく続いていた。

仏間に入ると、明かりはすでに消えたあとだった。

「さっきの、なんだったんすかね。やっぱりお祖母ちゃんなんかな？」

「トシが来てくれたから喜んでるんちゃうか」

「そっか、ならいいか」

よくわからないが、そう言われると悪い気はしない。私は法被を着た祖母（と知らんおっさん）に会えることを期待して、その日は早々に仏間で泊まった。


――翌朝。私はぐっすり寝て普通に起きてしまった。

祖母は私の前に現れなかったのか。あるいは、もしかしたらずっと最初からそこにいたものの、私が見えなかっただけだったのかもしれない。

それでも存在を伝えたくて、部屋の電気を明滅させていたのだとしたら、私も行って良かったなと思える。

仏間の戦い（東灘区）

前の話で書いた甲南山手にある母方の実家。この三階の仏間で、過去に明確な怪奇現象が起きたことがあるらしい。

体験したのは、その家に住む従兄のナオくんである。

「お祖母ちゃんが亡くなって、家建て直してから、俺、仏間で寝るようになったやんか。いつも普通に寝ててんけどな、ある夜、ふっと夜中に目が覚めたんよ。するとな、布団ごと宙に浮いててん！　ええっ！　なに？　ってなるやん。敷布団ごと、まるまる空中にあるから。それがな、ただ浮いてるだけやないねん。布団が小刻みに震えてんのよ。バタバタバタバタバターって。なんやこれ？　なにか起きそうやなって焦ってたら、突然――ポーンっと左側に布団ごと投げ出されて、床に布団ごとダンって倒れた。ちょい痛かったけど、咄嗟に身体を起こすと、仏壇の真ん前にいたんよ。で、思ったんやけど、そんときって仏壇と天理教の祭壇を向かい合わせに置いてたから、それが戦ったんちゃうかなって。

仏壇と祭壇からバチバチバチバチバチーってエネルギーが出て、それが布団の下でぶつかって拮抗したまま俺ごと布団を浮かせて、で、最後に天理教の祭壇のほうがパワーが強くて押し勝った。やから、俺は布団ごと仏壇のほうに飛ばされたんちゃうか。やから、天理教のパワーのほうが強いんかもしれんなぁ」

この一件以来、ナオくんは仏壇を隣の壁へ動かして、向かい合わせにならないような配置にしたのだという。

淡路島のダム　（南あわじ市）

神戸市の南西部、垂水区には明石海峡大橋が架かる。一九九八（平成十）年に開通した、世界最長クラスの吊り橋だ。

全長三九一一メートルのこの橋を渡った先には、淡路島がある。神戸市民にとっては、近場にありながら海や自然を楽しめる人気の観光地だ。

私も以前は淡路島によく遊びに行っていた。私がふだんメインで活動しているYouTubeユニット「不思議大百科」の相方である下駄華緒《げたはなお》さんが住んでいたからだ。もともと「不思議大百科」をはじめる前から遊びに行っていたが、下駄さんが東京に来られないときなどは、私のほうが淡路島へ行って動画を撮ることもよくあった。個人的に非常に親近感のある場所である。

この淡路島は、島といってもその面積は約五九〇平方キロメートルと、とても広い。日本では主要四島（本州・九州・四国・北海道）や佐渡島、奄美大島などに次いで十一番目の大きさで、東京二十三区とほぼ同規模。

北東から南西に長く、下部が膨らんだ瓢箪《ひょうたん》のような形をしており、北から淡路市・洲本《すもと》市・南あわじ市の三つの自治体がある。三つの市といっても、人口密集地はもっとも栄えている洲本市くらいなもので、あとは平野部に市街が点在している程度で、あとは山間部が占めている。

北部の北淡山地や西部の西淡山地、中央部に位置する先山山地、そして島の南側で東西にまたがる諭鶴羽《ゆずるは》山地がそれである。

このように山がちな地形の島であることと、瀬戸内海にあって年間を通して雨が少ないことから、島内にはダムがいくつも点在している。谷山ダム、猪鼻《いのはな》ダム、鮎屋川《あゆやがわ》ダム、諭鶴羽ダムなど、灌漑《かんがい》用だけでなく洪水調節用なども含め、現在は二十二基ある。

この淡路島のダム、じつはその多くが地元で心霊スポット扱いされている。というのも、前述のとおり山が多く、さらに都会的なビルや電車がなく、行ける場所が限られるため、怖い雰囲気が漂うダムやダム湖周辺が肝試しをする場所に最適なのだ。

そんな淡路島の心霊ダムのひとつに、真鍋さんも肝試しに行ったことがある。いまから約二十年前のことである。

その日は安田、平田という二人の友人と集まってご飯を食べていた。食べ終わってもとくに何かをする予定もなかった彼らは、ダムでも行こうかーと軽い気持ちで肝試しに向かうことにした。

安田が運転しており、真鍋さんが助手席に座る。平田は後部座席だ。道中も、三人でワイワイと話をしながらダムへ向かった。

淡路島の東海岸沿いから南西部を縦貫する国道二十八号を走り、南あわじ市の平野部で南へ折れる。そのまままっすぐ山のほうへ進む。

だんだんと道も暗くなってきて、不気味な雰囲気があたりを包み込んでいく。

すると突然、運転手の安田が奇妙なことを口走った。

「なんか、息苦しくなってきたかも……」

――息苦しい？

真鍋さんはとくに息苦しさなど感じておらずいたって普通だったが、横で運転してい

る安田を見ると、顔色が明らかに悪い。やがて安田はもう少し走ったところで、

「あかん、苦しくなってきた」

と、座席に深くもたれるような姿勢になって言った。顔色はさらに悪くなっており、このままでは運転すらおぼつかないだろう。最悪、事故を起こしてしまうかもしれない。

「苦しそうやし、顔色も悪いし……今日は引き返そう」

そう真鍋さんが提案して、ダムまでたどり着かなかったものの一行は途中で引き返すことを決めた。


ダムから離れると、安田はだんだんと楽になってきたようだ。

「……もう大丈夫みたいや」

「どうしたん？」と、真鍋さんが聞いたところ、

「あんとき、ハンドルから両手が出てきて……。首から胸のあたりをぐぐーって押さえられてたんよ」

そう、安田は運転しながら言ったのである。

まさか、あのときすでに心霊現象が起きていたとは……。

あとから考えると、安田が座席にもたれていたのは、怖さや苦しさが理由ではなく、その手に押さえつけられていたからなのだろう。

じつは安田はそこそこ霊感があり、この頃はよく幽霊を見てしまっていて、たびたび怖いと話していた。だからこそ、何かに憑かれてしまったのだろうか。

真鍋さんたちが行こうとしていたのは、南あわじ市にある諭鶴羽ダムである。湖畔には約千本ものソメイヨシノが植えられており、春にはお花見の名所になる。また、秋には紅葉、冬には水仙など年間を通じて四季の風景が楽しめる人気のスポットだ。ダム湖は一周二キロほどで、サイクリングを楽しむ人も多い。

しかし、地元の噂では、この周回コースを反時計回りに回ると、霊が見えてしまったり最悪事故を起こしたりしてしまう、などと囁かれている。

真偽のほどは不明だが、真鍋さんの友人である安田がダムにたどり着く前にもかかわらず実際に事故を起こしかけたことを考えると、その危険度はあながち嘘ともいえないのかもしれない。

夜の談笑　（須磨区）

神戸近辺の人であれば、尼崎市で起きたＪＲ福知山線脱線事故がいまだ記憶に新しい人も多いことだろう。

二〇〇五（平成十七）年四月二十五日、ＪＲ福知山線の塚口《つかぐち》駅～尼崎駅間の急カーブ区間にて、制限速度七十キロのところ、快速列車が一一六キロで進入。右カーブを曲がり切れずに前五両が脱線した。

とくに前二両の被害がすさまじく、先頭車両は線路脇のマンションの一階駐車場に突っ込んで大破し、二両目はマンション外壁と後続の三両目に挟まれて圧壊。両車両とも潰れて原型を留めていなかった。この事故により、乗員乗客合わせて一〇七名が死亡し、五六二名が負傷するという大惨事だった。

この話は、脱線事故のほとぼり冷めやらぬ頃に、当時三十代半ばだった知人の太田さんが体験した出来事である。

太田さんは須磨の家に住んでいて、元町の職場に通っていた。バイク通勤をしており、帰りはいつも山のほうにある家までバイクで坂を上っていた。

あるとき、太田さんのクラスで同窓会が開かれた。旧友たちと久しぶりに再会し、昔話に花を咲かせて盛り上がった。バイクで帰る太田さんはもちろんノンアルコールだ。

楽しい時間はあっという間に過ぎ、日付が変わる前に解散することになった。すると、学生時代に仲の良かった女友だちと家の方向が一緒であることがわかり、途中まで一緒に帰ることにした。


バイクを押しながら、同級生の女友だちと並んで歩く。

その子、学生時代は明るくて活発な性格をしていたが、同窓会にもかかわらず、今日はやけに静かだった。性格が変わったというよりかは、非常に疲れが溜まっているように見える。気になった太田さんは聞いてみることにした。

「どうしたん？　なんかえらい疲れてそうやけど」

「最近な、仕事がしんどすぎて……。もう、つらいわ……」

詳しく聞いてみると、彼女の仕事というのは、つい先日に起きた福知山線脱線事故のクレーム対応や謝罪だったのだという。遺族や負傷者から責められるばかりでとにかく精神的に疲弊していた。

「そうなんや。そら大変やな……」

彼女の精神的負担は推して知るべしだが、太田さんは話を聞くことくらいしかできず、その晩はそのまま別れた。


別れたところは太田さんの家の近所だ。バイクに乗ればすぐ着ける距離である。バイクにまたがって、そのまま坂を上がっていった。しかし——

なぜだが、家にたどり着かない。

同じところをぐるぐる回ってしまうのである。

どうやら無意識に家への道を通り過ぎているようだ。もちろんお酒は一滴も飲んでいない。

何年間も毎日通っている道であるにもかかわらず、何度も通り過ぎた。おかげで疲労困憊《こんぱい》である。

何周目かのとき、集中して道を見定めたおかげで、なんとか家にたどり着くことができた。

——不思議なこともあるもんやな。

そう思いながらバイクを停め、玄関を開けて家に入る。

とにかく疲れていたので、シャワーも浴びずにリビングのソファで横になって、そのまま寝てしまった。


「あれっ？　みんな帰ったん？」

翌朝、起きてきた奥さんの素《す》っ頓狂《とんきょう》な声で目が覚めた。

——みんな？

奥さんの言っていることがよくわからなかったので聞き返す。

「え、みんなって、なんなん？」

「いや、すごい大勢で夜中帰ってきたやろ？」

「いや、ひとりや」

「うそぉー、めっちゃ騒いでたやん。てか、私の部屋にも誰か入ってきたやろ？」

「え……。い、いや入ってないよ。俺ひとりやから……。部屋入ってきたってどういうこと？」

「誰かひとり入ってきて、私のベッドの周りをぐるぐる回ってて……。あんたの友だちかなぁと思って、私も寝ぼけてたから無視したんよ。それでな、そのあとまた目が覚めて、トイレ行こうとしてリビング覗いてみてん。そしてら、あんたワイワイやってたやん、楽しい談笑みたいなかんじで。七、八人はいたやろ？」

「え……」

「あんたの友だちやなぁと思ってそのときは寝たんやけど、いま思えばおかしかったわ。なぜかみんなどっかしら」

――けがしてた。


太田さんはひとりで帰宅して疲れて寝ていたことを弁明したものの、いまひとつ奥さんには納得されず、二人で首を傾げることになった。

このけがをしていた人たちが脱線事故と関係があるかどうかはわからない。

しかし、事故の後処理に追われている人と話した直後に起きたことは、なんらかの関係性をつい考えてしまう。

事故に遭われて命を落とした方へのご冥福をお祈り申し上げる。

女性専用マンション（須磨区）

この話は、かつてポートタワーで働いていた（18ページ参照）、杉村さんの体験談である。

彼女はあるとき、女性専用の単身者マンションに住んでいた。築年数は二十五年と少し古く、敷金と礼金はゼロ。二〇一号室、つまり二階の角部屋で、バストイレ別。掘り出し物件というやつだ。

ただ、間取りが少し変わっていた。台所と洗面台も居間のなかに設えてあるワンルームだが、台所と居間のあいだに段差があり、居間のほうが一段低くなっている。おそらくもとは扉かなにかで仕切られた1Kだったのだろう。おかげで、水などをこぼすと居間に流れていくので困ることもあった。

また、居間の右奥には正方形の小さなバルコニーがある。それはありがたかったが、そのせいで居間が削られ、左奥にわずか一メートル四方の空間が出っ張った、L型の不思議な間取りの部屋になった。左奥の空間はクローゼットや物置として使うしかない。

変な間取りを除けば、バルコニーも南東に開けているし、バストイレも別で過ごしやすい。展望もよく、部屋からは須磨の砂浜がよく見えた。たいへんに条件のいい物件である。ただ、怪奇現象が起きることを除いては……。

ふだんからひとりでに物が落ちたり、物音がしたりといったことはよくあった。ただ、風の影響や家鳴りのせいかもしれないので、とくに気にしないようにしていた。

ある日、テレビを観ているとき。

「ギィィィィ……」

と、音が鳴った。見れば、床に置いていたスタンドミラーが音を立てて天井を向いていくところである。

この鏡は非常に重く、角度を変えるにはかなりの力を加える必要がある。

改めて確認すると、ネジもしっかり締まっていて、ひとりでに動くなど不可能。物自体が動くという体験は初めてだったので、とても驚き声が出なかった。

またあるときは、怪異を目撃した。

夜遅くに帰宅して玄関で靴を脱いでいると、部屋の奥で黒い人影のようなものが部屋を横切ったのだ。人が歩いて横切るというよりは、スーッと横へスライドするような、不自然な動きだった。

そして影は、隣の二〇二号室へすり抜けていった。

そのときは帰ってきたばかりで玄関しか明かりをつけていなかったため、奥の部屋は暗かった。

不法侵入……？

おかしな動きだったが、その不審者の可能性も咄嗟に脳裏を過ぎる。誰かいるだろうかと恐る恐る部屋を確認したものの、誰もいなかった。

偶然にも、その日は京都のお寺から護持仏を持って帰っていたが、それと関係があるかどうかはわからない。

また、異様なのは部屋のなかだけではなかった。

ある年の年明けに、隣のアパートの住人の怒鳴り声が聞こえるようになった。

はじめは誰かと喧嘩しているのかと思ったが、単身者用アパートで声もひとりぶんしか聞こえない。

その男は「殺す」「殺人」などと物騒なことを叫んでいた。

その声が一瞬だけならよかったが、何時間も怒鳴り声が聞こえることは珍しくなかった。そのタイミングは昼夜を問わず、最長で一日十時間も続くときもあった。


「うるさいっ!」

男が叫びはじめてから半年ほど経ったとき、ついに周囲の近隣住民が我慢できなくなったのか、その男に対して叫び返すようになった。

確認していないが、男のほうは当然逆上するであろう。叫び返した住民と間違えられ、自分に報復の矛先を向けられては怖い。

そのため杉村さんは、自分のほうの不動産に連絡し、隣のアパートの不動産屋に様子をうかがってもらうことにした。しかし――

「うちのアパートにそのような苦情は出ていません」

と、耳を疑うような返答があった。

その後、近隣住民が警察に通報した。


秋になり、杉村さんは教育実習のために一ヶ月ほど家を空けることがあった。帰ってきたときには通報した近隣住民は引っ越していた。

その後もやまない叫び声に悩まされたからか、原因不明の体調不良が続いたためにこのマンションからは引っ越した。


この女性専用マンションは、ＪＲ神戸線の須磨海浜公園駅に近い。

閑静な住宅地でありながら、海水浴場などの行楽地も近い、大変よい住環境の場所だ。

ただ、この付近で最近、ある怪奇事件が発生した。

二〇二二年一月五日、午前十時十三分頃のこと、須磨海浜公園～須磨駅間の踏切で人身事故が発生し、芦屋～西明石駅間がしばらく運転見合わせとなった。ただ、この事故がとても奇妙だったのだ。

事故当時、踏切には姫路発、野洲《やす》行きの新快速列車が差しかかっていた。だが、遮断機が下りた踏切内に、五、六十代の女性が立ち入っている。運転士はこれに気づき非常ブレーキをかけたものの、車体が何かと接触した感触をおぼえた。おそらく衝突したのだろうと判じ、事故として本社へ報告。同社は女性と電車が衝突したと発表した。

だがその後の調べによると、車体はまったくの無傷。人はおろか何か物と接触した痕跡すらない。もちろん、周囲から女性の遺体も見つからなかった。

人身事故が起きたはずが、人が忽然と消える——こういった怪奇事件は全国的にあるようで、怪談作家の吉田悠軌さんはこれを「鉄道神隠し」と名づけている。

この踏切は、怪奇事件が起きた現場ということで、俳優の原田龍二《はらだりゅうじ》さんはじめダラシメンやーかずさんなど、心霊系ＹｏｕＴｕｂｅコンテンツでもたびたび取り上げられている。

杉村さんのマンションやこの踏切など、須磨の一帯には異界へつながる場所があるのだろうか。

余談であるが、ＪＲ神戸線の須磨駅より西側の一部区間は、列車への飛び込みが頻発する区間として知られている。

とくに明石〜須磨駅間に多く、神戸市民のあいだでは明石、朝霧、舞子《まいこ》、垂水、塩屋《しおや》、須磨の頭文字を取って「ああまた死す」と呼ばれている。

舞子墓園 (垂水区)

これは、Yさんが彫師さんから聞いた話。

その彫師さんが十代で、バリバリのヤンキーだった頃、舞子墓園によく夜中に行っていたという。墓園の裏手にかなり広い敷地があり、そこで単車をフカす練習をしていたのだ。

舞子墓園は、地元民ならだいたい知っていると思われるが、屈指の心霊スポットだ。真夜中に歩けば姿の見えない存在に足をつかまれる、園内のトイレからは夜な夜なリコーダーの音が聞こえる、などという噂もある。園内に架かる橋では過去に、橋桁で首吊りがあったのも事実だ。

そんな舞子墓園のすぐ近所に、彫師さんの友だちが住んでいたという。

昼間の一時か二時あたりに、彫師さんと友だちは遊ぶ約束をしていた。

待ち合わせの場所は、墓園前のバス停から少し離れたところにある、休憩することができるようなところだったという。

友だちが先に着いたので座って、彫師さんを待っていたときのこと。


その場所からは植え込みの茂みと、その植え込み越しにたくさんの墓石や卒塔婆《そとば》の先が見える。

友だちは待っているあいだ、そんなお墓の頭や卒塔婆の先の部分を、何も考えず、ただボーッと見ていたそうだ。

そのとき、数十メートル向こうで、「人影のようなもの」が、宙に浮いてるようにフワーッと横切ったという。なぜ〝のようなもの〟なのかというと、友だちには霊感がないのだけれど、「絶対に人ではない確信があった」からなのだそうだ。

そして、人影が横切った瞬間、立ててあった卒塔婆が一本だけ唐突に倒れたという。

友だちはなぜか「確認せな！」という衝動に駆られ、その人影が横切った墓所まで大急ぎで向かった。

当然、そこには人もおらず、何かがいたような気配もない。

人影が進んで行ったほうへ追うように墓石のあいだを進んでいくと、あることに気がついた。

その道に面した左右のお墓に立てられている卒塔婆が、一本ずつ、すべて倒れてしまっていた。

――なんで？　なんで？

そう思いながら歩く。道の突き当たりは、無縁仏のお墓だった。

それを見た途端、猛烈に恐ろしくなり、その場から走って逃げたという。

その後、彫師さんが友だちと合流したとき、彼の唇は真っ青でガタガタと震えていた。

理由を聞いたら前述の話をしたのだという。

五色塚古墳　（垂水区）

垂水区の某所に六階建てのマンションがある。目の前には山陽電鉄が走り、その向こうには海が見渡せるロケーションだ。

中田さんは数年前まで、そこの最上階である六階に住んでいた。

この部屋は、玄関を入ると左に寝室があり、右にトイレとお風呂、廊下を抜けた先にはリビングとキッチンがあり、奥にベランダが設えてある。西向きのベランダからは五《ご》色塚《しきづか》古墳を望むことができる。

中田さんは、この部屋に住んでからというもの、たびたび金縛りに遭うようになった。

夜、寝ていると、「キーン」という耳鳴りがして、身体が動かなくなる。そしてお香、線香の匂いが漂ってくる。

すると、玄関から人が歩いてくる。扉を開ける音はしないので、物理を無視して入ってきたようだ。廊下を一直線上に歩き、そのままリビングを通り過ぎてベランダへ抜けていく。もちろん、六階ということもあり、ベランダより向こうには進むべき床がない。入ってくる霊はサラリーマン風の男、若い女性、子どもなどさまざまだった。昔風の服装の人はおらず、すべて現代人だ。廊下と寝室を隔てる壁を透過したように、不思議と、歩いている姿が見える。

霊が通り過ぎて金縛りが解けると、決まって家具の扉や引き出しがすべて開いている。ただ、それだけだ。

中田さんは霊道のようなものが通っているのだろうと思っていたという。

ある日、中田さんは珍しいものを見た。

いつものように仕事から戻り、帰宅して寝室の布団で寝ると、金縛りに襲われる。

（……またか）

もういい加減に慣れているのでうんざりしていると、玄関からベージュ色をした麻布《あさぬの》のざっくりした服を着た女性が歩いてくるのが見えた。

女性は髪飾りや見たこともない装飾をしている。

さらに女性の横には、同じく麻布の服をまとって髪を後ろで結った子どもが、手をつないで仲良さそうに通っていく。

彼らはそのままリビングを抜け、ベランダの向こう側——五色塚古墳のほうへ去っていった。

古代では、おもに麻が衣服に利用されていた。

もしかすると彼らは、古墳時代の霊だったのかもしれない。

ターボババアの孫（六甲山）

六甲山に廃神社を復活させた、とある小さな神社がある。

一帯は修験道の霊場でもあり、不思議な噂が囁かれている。なんでも、満月の夜に月の明かりが本殿の御神体の鏡に反射して光の道が現れ、かつては修験道の祖・役小角《えんのおづの》が現れてその道を歩いていったといわれている。ほかにも、神社内に女の子の霊がいるだとか、阪神淡路大震災のときに亡くなった人たちが山へ登ってここへ来た、などという現代的な伝説もある。

いまは神社の管理が難しくなったため、有志が集まり美化活動などを続けていた。

この集まりもまたじつに不思議であり、来ているのが霊能力を持っている人間ばかりだそうで、誰が神様に選ばれるか競っているという。

私は、かつて神社に行ったことがあるという知人のお誘いで、集まりに参加させてもらったことがある。

「夜には普通にお化けが出ます」「この水場に集まる」など、いろいろ興味深い話を聞かせてもらった。

集まりのなかに八十歳ぐらいの男性がいた。

すると参加者のひとりが、その男性を指さしてこそっと耳打ちをしてくれた。

「あの人ね、ターボババアの孫なんですよ……」

「ターボババアの孫⁉」


ターボババアとは、峠を走る車を四つん這いになって猛スピードで追い越すという老婆で、六甲山一帯で噂される全国的に有名な都市伝説だ。

推定時速はなんと百キロ以上。追い越したあとに振り返ってニヤリと笑う、トンネルで窓を叩いてくるともいわれる。

そんな本当か嘘かわからない存在に孫がいるとは、いったいどういうことだろうか。

その方いわく、男性のおばあさんが、かつてこの山の中腹あたりで、山道を走るバイクによって命を落とした。

その後、付近でバイクに並走するお婆さんの目撃談が相次いだという。それがターボババアの噂になっていった……。

全国に伝わる妖怪・ターボババア――この逸話が本当かはわからないが、もし真実だとすれば、誕生のきっかけはひとりの人間の身に起きた悲劇だったのかもしれない。

震災奇譚

お知らせ

姫路に住む沼田さんが中学生のときの話。

彼には四つ上の兄がいるのだが、兄は遠くにある高校に通っているため朝がとても早い。そのため就寝時間も早いので、夜に音をたてたりしようものならものすごく怒るので、沼田さんはいつも夜は静かに、自分の部屋でマンガなどを読んでダラダラしていた。

その夜、兄が沼田さんの部屋の戸を開けて言い放った。

「明日、地震来るぞー!」

え? と思って唖然としていると、ドアを閉めて自分の部屋へ戻ってしまった。

追いかけてどういうことなのか訊きたいと思ったけれど、寝る用意をしているようなら怒るので、もういいやと思って沼田さんも床に就いた。

眠り込んでいたなか、なんだかガタガタと音がしているので目が覚めた。なんだ？と思ってじっとしていると、なんだか揺れている。時計を見たら六時前。

沼田さんの家は、階下がガレージになっている少し変わったつくりのため普段でも微妙に揺れたりする。なので、隣の部屋で兄が暴れて家を揺らしているのだと思ったという。

（昨日の夜、兄貴が地震来るぞとか言ったのは、こうやって俺をびっくりさせたろ思ってるんやな）

「あいつ、朝弱いのにアホやな」

そう呟いて、もう少しだけ惰眠をむさぼった。

いつもの時間に起きだして、ごはんを食べに一階におりていくと、両親がテレビに食いついている。どうしたとみると、神戸の街が燃えている。また、高速道路にバス――あのお馴染みの映像が映っていたのを見てびっくりしたのだ。

のちに沼田さんは兄に、「そういえば昔こんなことあったよね」と言ったら、兄はまったく覚えていなかった。姫路では掛けてあった額が落ちたくらいの被害しかなかったが。

沼田さんは、

「兄貴は覚えてないけど、俺は覚えている。そんなことがちょこちょこあるんですよ」

あるとき、すでに遠方に住んでいた兄は、

「誰か、俺に電話かけてきた？」

と実家に電話をかけてきたのだが、それはちょうど祖父が亡くなったタイミングだったという。

「ちょっと感じ取るタイプ、何かをね。人間的にはすんごいしょうもない人なんですけど——」

赤玉

「不思議な体験したことないでしょうか？」

私はタクシーに乗車したときは必ずと言っていいほど、聞いている。

仕事で大阪におり、神戸の実家へ帰るためのＪＲの最終電車に間に合うかどうかだった。

いまいるところからＪＲ大阪駅まではタクシーで十五分ほど。

なんとかタクシーを捕まえて乗り込んだ。運転手は五十代後半の男性だった。

「大阪駅までお願いします」

行き先を伝え、タクシーが少し走り出してから、

「あのー運転手さんは不思議な体験や怖い話お持ちではないですか？」

いつものように話しかけてみた。

「いやーそんな体験はないですかね～」

運転手さんはめんどくさそうに答えた。

それでもしつこく訊いていると、少し間があって、

「あー、怖い話や幽霊は見たことないんですが、あれはなんやったんや？ってのはあるかな」

そう話しはじめた。


運転手さんはその当時、神戸の北区にある中古の二階建て一軒家に住んでいたという。

結婚していて、奥さんと娘と三人暮らしだ。

その頃はサラリーマンで営業をしていて、朝の六時に起きて出勤、帰りはだいたい終

電で休日も返上して仕事をしていたという。

自分の寝室は二階、廊下の一番右奥にあった。

ある朝、目覚ましが鳴りいつも通り六時に起きて、一階のリビングに行こうとした。

廊下に出ると、自分の目線の先の少し下あたりに、赤ボールペンの先のような小さな赤い点が空中に浮いているのが見える。

「ん?」

目を擦り、マジマジと見るが、確かにそこに赤い点がある。

しかし手でつかもうとしてもつかめない。

気にはなったが、仕事に遅刻しそうなのであわてて一階におりた。

朝ごはんを食べながらテレビを見ていると、もうそのことも忘れていた。

その日、仕事から帰宅して自分の寝室に向かおうと二階に上がり、「あ!」と思った。

廊下の中央に、朝に目撃した赤い点はまだそこにあった。だが、手を差し伸べてもやはりつかめない。

(ストレスか? 目の病気か? いや、でもこの二階の廊下でしか赤い玉は見えない)

どうすることもできないので、寝室に入って床に就いた。

次の日の朝、寝室から出ると廊下に赤い点はある。またつかもうとするがつかめない。家族にも言えず、家を出て会社に向かい、モヤモヤしながらも仕事をこなした。病院に行こうと思うが仕事の目処がつかない。

帰宅してもやはり赤い点はある。

次の日も、その次の日も赤い点は廊下に存在していた。

そして気がつくと、その赤い点は昨日見たのより確実に大きくなっている。

三日目になると赤い点はビー玉ぐらいの大きさになっていた。大きくなるにつれ、それは点ではなく赤い球体だと気づいた。

さすがに怖くなってきて、奥さんに話をしてみるが、相手にされない。

四日目、五日目が経った。赤い球は野球のボールほどになっていた。

色は真っ赤である。つかもうとしてもやはり手がすり抜ける。

気持ちが悪いので、その玉を避けるように廊下を通るのだが、振り向くとその赤球はそこに存在する——。

ちょうど一週間経った頃だ。

いつものように起きて、廊下に出た。赤球はソフトボールほどの大きさになっていた。

――このままどんどん大きくなったらどうなってしまうんだ？

そう思うととてつもなく怖くなり、その日会社に着くと同時に、翌日の休みをなんとかもらえるようお願いした。絶対に病院に行くぞと心に決め、仕事の段取りを大急ぎでこなした。

終電で家に帰り、二階の寝室に恐る恐る向かうと、思いがけず赤い球は消えてしまっていた。

いったい、なんだったんだろう？　そう思いながらも安堵し、でもいちおう明日は病院には行こうと思いながら就寝した。

翌日の早朝、いつもの目覚ましではなく「ゴゴゴゴー」と地鳴りのような音で目が覚めた。五時四十六分、それは神戸に壊滅的な被害を出した阪神淡路大震災だった。

「うーん、あの赤い球のことはよくわからないんですが、どうしても地震と関係あるように思えるんですよね」

運転手さんがそう言うと同時に駅に着いた。

「終電に間に合いました。ありがとうございます」

ＪＲ大阪駅から神戸に向かう最終電車のなかで、当時高校生だった私の、地震当日の凄まじい記憶を思い出していた。

車の手形　（六甲山）

十六年ほど前のことになる。馬場さんが鈴蘭台《すずらんだい》にあるとある施設に勤めていたときのこと。

その年、新卒の女の子が三人入ってきていた。

仕事にも慣れてきた頃、ちょっと息抜きも兼ねて、業務が終わってから、

「彼氏と一緒じゃなくて悪いけど、せっかく神戸に来ているんやし、夜遅いけど六甲からの夜景を見したるわ」

と、会社の車の後部座席に三人を乗せてドライブをすることになった。

有馬街道をずっと上がっていって、北鈴蘭台あたりから車で入ってそのまま上がっていき、西六甲ドライブウェイを左折したら山頂だ。

鈴蘭台という場所は、ものすごく寒暖差がわかりやすい土地で、有視界が三、四メー

トルの濃霧が季節の変わり目によく発生する。

そのときも霧が発生していたのだが、慣れたものなのでスピードを抑えながらロービームで西六甲ドライブウェイをあがっていく。

すると、乗せていたなかにひとり怪談好きな女の子がいて、後ろから話をしてきた。

「馬場さん、ここ六甲山ですよね。首無しライダーとか出るんですか?」

「え? よう知ってるな。でもそんなん、会うたことないな」

山の上に行くと霧が晴れてくるので、上からつづら折りの道が見える。下からバイクが一台走ってくるのが見える。

「あそこからきているバイク、どこかのカーブですれ違うときに、相手がこちらに気がついてなくてスピード出したままインに入り込んだら、こっちがどんなにちゃんと走っていても事故とかになるやん。だから、気をつけなあかんで、いうようなところも怪談にはあるんやで――ま、ホンマに出るかもしれないけどな」

「メリーさんの館とかいうのもありますよね」

「ああ、六甲山にあるとかいう噂もあったなあ」

そんな話で盛り上がりつつ、そのまま西六甲ドライブウェイをずっと行くと、自販機しか置かれていない展望台がある。ここからの景色がとてもきれいなので車を停める。

霧はすでに晴れていて、女の子たちは歓声を上げて景色に見入っている。

そんななか、車の表面に霧の水滴がついてびしょびしょになってるところに、怪談好きな女の子がこっそりと手形をたくさんつける悪戯《いたずら》をしていた。

「見て！　手形がついてる！」

「うそ！　怖い！」

あとの二人がきゃあきゃあ声を上げている。

ちょっと車の表面に触るくらいならいいけれど、手を押し付けられると乾いたときにも手形が残ってしまう。

「こら、あんまり手形つけられたら明日洗わんとあかんようになるんやで」

馬場さんは車の中から布巾を出してきて、車の表面をざっと拭いていると、手形をつけていた女の子が袖をピッピッと引っ張って小声で言う。

「これも拭いてください」

「え？　なに？」

と引っ張られていって指をさすところを見ると、後部座席の三角の窓のところに小さな手形がある。まるで子どもの手形だ。

「これがあるから、怖くて、目立たなくなるように他に手形つけたんです」

確かに小さな手形がついている。馬場さんはちょっと考えて、

「うちの施設には家族連れもたくさん来るやん。この車も駐車場に置いてあるし、お客さんの小さい子どもがたまたま触ることもあるかもしれないし。それやない？」

そう諭すと、彼女も「そうかあ」と納得したようになった。


そして車に乗って、寮まで帰ることになった。山頂から三十分くらい車を走らせ、女の子たちを寮の前で降ろす。

「そしたら、お疲れさん、気をつけて帰りや」

と言うと、車から降りた女の子のひとりが、

「あれ？　まだ手形消し忘れてますね」

と、後部座席の窓を指さした。

「あ、ほんまか。そしたらちょっと拭いていくわ」

馬場さんはギアをかけると車を降りて、布巾を持って後ろに回った。そして窓を拭き

かけて「あれ？」と思う。

その手形は外側にではなく、内側から、じっくりと押し付けたように残っている。濡れた表面に置いたような手形ではなく、体温の高い人間がグーッとしばらくの時間押し付けてしっかり残したような――。

大きさからすると女性の手で、手相も見えるほどくっきりしている。

「え？　これ内側から押し付けた手形やで。自分ら誰かがやったん？」

と聞くと、三人の女の子たちは顔を強張らせて、そろって首を横に振っている。

そこまで悪ふざけができる女の子たちではないので、これ以上言うとさらに怖がらせてしまうと思い、そのときはなんでもなかったかのように別れた。

その後、自宅に戻った馬場さんだったが、彼女たちの様子を考えても、内側についた手形の奇妙さ、その前の子どもの手形、すべてが奇妙な記憶となっていまも残っているという。

三宮のタワマン（中央区）

俳優でありながら、怪奇少年団というユニットで活動している怪談師のウエダコウジさんから聞いた話である。

彼は映画撮影を通じて、足立さんという女性と知り合った。

子役をやっている九歳の息子をもつ四十代の女性で、三宮に建つとあるタワーマンションに住んでいるらしい。

ある朝、足立さんがいつものように息子を学校へ送りだすと、その二時間後くらいに息子が通う小学校から電話がかかってきた。

「お子さんの具合が悪くなってしまったようで、迎えにきていただけますか？」

そう言われたので急いで学校へ行ってみると、保健室のベッドに息子が寝かされていた。痛い、痛い、とうわ言のように繰り返し、とても苦しんでいるようすだった。全身が痛いらしいが、その原因がわからない。

足立さんはすぐさま息子を自宅マンションに連れ帰って休ませたものの、いっこうに良くならない。

もう家ではどうにもならない。病院へ連れて行こうと決めた。


すると、マンションの上の階から声が響いてきた。

男女が言い争うような雰囲気である。どうやら揉み合っているようで、時折、ガタンガタンと激しい物音も聞こえてくる。

息子がたいへんなときに、うるさいなあ……。

そう思っていると、勢いよく窓が開く音が聞こえた。

衝動的に何か物でも投げるんじゃないだろうか。

そう心配していると、次の瞬間——。

女性が窓から飛び降りた。

下を見ると、女性がひとり倒れている。地上までが遠くてよく見えないが、ピクリとも動かないようすは、素人から見ても明らかに即死の状況だ。

これはたいへんなことになった……。

足立さんが一階まで見に行くと、

「おまえのせいや！」

「いや、おまえのせいで死んだんや！」

と言い争う人がいた。

どうやら彼らが上の階の住人の関係者らしい。

飛び降りたのは、住人である二十代の女性で、彼女の家族や同居していた三十代の恋人となんらかのトラブルになり、どうやら衝動的に飛び降りてしまったようだ。その場には、両親と思しき六十代の男女に加え、同じく六十代の親戚であろう男性もいて、ひたすら言い争いを続けていた。

誰かが救急に通報していたようで、遠くのほうからサイレンの音が鳴り響いてきた。

そうだ！　息子は大丈夫だろうか。

はっと冷静になった足立さんは、急いで自室に戻った。

玄関に入り、息子の部屋の扉を開けてみると――

息子は無事で、コミック本を読んでけらけらと笑っていた。

「心配したんやで、もう……」

足立さんはほっと胸を撫でおろした。

「急に大丈夫になった！」

と息子はあっけらかんとしたようすで言った。先ほどまで全身の痛みでのたうち回るように苦しんでいたにもかかわらず、どうやら急に回復したらしい。

痛みもすっかりなくなったというので、病院へ行くのもやめた。

後日、足立さんは知り合いのとある神社関係者に、先日の出来事を相談した。

痛みの原因もいまだわからないままなので、もしかしたら霊障のようなものだったのかもしれないと思ったからだ。

説明を聞いて、神社関係者の方はこう述べたという。

「上に住んでた女性の方は、家庭の事情なのか、とても悩み、苦しんでいたようです。その日、息子さんはその女性の悩みや苦しみに共鳴してしまったんでしょう、身体が反応し、同じような苦しみを味わった。しかし、女性が飛び降りて亡くなって……言い方は悪いですが、ある意味で現世の苦しみから解放された。と同時に、息子さんの共鳴もなくなり、苦しみから解き放たれたんです」

余談であるが、事故物件公示サイトの「大島てる」にも、この三宮のタワーマンションが事故物件として記載されたことがある。ただ、足立さんが確認したときには「四十代女性投身自殺」と、年齢を誤った投稿が記載されており、後日に削除されていたとのことである。

新神戸にあるホテル（中央区）

ゆいさんは名古屋在住であるが、ＹｏｕＴｕｂｅやツイキャスで生配信をしており、その企画のために新神戸へ来たことがあった。

名古屋から新幹線に乗り、新神戸駅でリスナーさんと合流して徳島へ行く。そのまま撮影をおこなって徳島で一泊。翌日また新神戸に戻り、名古屋へ帰る予定だった。

しかし、急に別の方とコラボ動画を撮る話が立ち上がって、新神戸でもう一泊することになった。

急いでネットでホテルを探し、当日予約。十四時にチェックインしたものの、トラブルが起きた。

なぜか予約をした日付が当日ではなく、年月日が違うらしい。フロントで部屋が確保できていないと言われた。予約されている日付は、フロントの方と確認した。

なぜだろう……と、そこにいるゆいさんもフロント係も不思議な表情だった。

困っているゆいさんにフロント係が、

「少し広い部屋ですが、よろしければ……」

と別の部屋を提案してくれたので、なんとか宿泊できることになった。


高台からの景色が良い部屋だった。十九時にリスナーさんが迎えに来てくれる約束だったので、それまで部屋で少し休憩をした。

夕食を済ませておこう。

そう思ったゆいさんは、ホテルの一階に降りることにした。

このホテル内にはショッピングモールのような商業施設が併設されており、一階で食事することができるのだ。

ホテルはとても広く、エレベーターはフロアの南北に、二基ずつある。

一階のボタンを押し、そのまま下降がはじまる。

エレベーターが一階に着いて、扉が開いた。

すると、一階に来たはずだが、目の前には誰もいない空間が広がっている。

ショッピングモールも閉まっているのだろうか。時間的に不思議だ。

そう思いフロアをウロウロするが、誰もいない。

まだ夕方であるにもかかわらず、異様に薄暗い。なんだか気持ちの悪い感覚になった。

あ、やっぱり戻ろう。

そう思い、乗ってきたエレベーターに戻ろうとした。

しかし、さっきまで乗っていたエレベーターになぜかたどり着くことができない。

エレベーターがなくなっている……。

そんなはずはないのだが、見つけられない。

どうやら完全に迷ってしまったようで、そのフロアを行ったり来たりと彷徨うはめになった。

どこをどう回っていたのか、ふと気がつくと、地下のようなところの先に明るい光が見える。

そこで、小走りでそちらに向かおうとした瞬間——

「パンッ！」

まるで風船を針で刺したような大きな音が、耳元で鳴った。

ビクッとなって振り返ると、目の前にエレベーターがあり、扉が開いていた。


我に返ってエレベーターに乗り、自分の部屋へ戻った。

結局、食事どころか何も買わずに戻ってきたわけだが、時計の針はすでに十八時を過ぎていた。食事をしに部屋を出たのは、たしか十六時過ぎだったはずだ。

二時間近くホテルの地下にいたのか。体感ではもっと短かったような気もして、とても不思議な感覚だった。


その後、リスナーさんが十九時にホテルに迎えに来てくれたのだが——。

「私が迷子になっていた同時刻。私を迎えに来たリスナーさんも、ホテルのそばの道を何度も間違えて、ホテルにたどり着けなかったんだよね」

じつに不思議である。そのリスナーさんは神戸在住で、ホテルの前は毎日のように通っている。そんな場所で迷子にはならないはずだ。

新神戸にあるホテル　（中央区）

次の日、チェックアウトを済ませ、新神戸駅でリスナーさんとの別れ際、

「あのホテル……昔、神戸の反社の人が銃撃されたホテルなんですよね。たしか、一階か地下だったような……」

あの風船が割れたような音は、もしかしたら発砲音だったのかもしれない。

もしそうだとしても、迷いこんだ空間はなんだったのか、そしてなぜ、あの音で現実に戻ることができたのか、いまもわからないままだ。

元町高架下の子ども（中央区）

神戸に来た知人に私がお勧めしている名所のひとつに、高架下がある。観光地と言っていいのかわからないが、整った側面ばかりでなく雑多な部分も垣間見えるいいスポットだ。

高架下は、ＪＲ神戸線の三ノ宮駅から元町駅を抜け、神戸駅にかけてのラインにある。三ノ宮駅から元町駅へ至る約四百メートルの高架下は、ピアザＫｏｂｅというお洒落なショッピングモールになっている。流行のファッション店や雑貨屋、グルメやスイーツなどの飲食店など、百六十店以上が軒を連ね、細長い百貨店のようである。

一方、元町駅から神戸駅へ至る一キロほどのラインは、元町高架下（通称モトコー）と呼ばれるアングラなスポットだ。元町高架1からモトコー七区まで七つの区画に分かれており、ショップや飲食店が多いディープスポットだ。震災前は人がぎゅうぎゅうで歩けないほど混雑していたという。現在は耐震工事のため一時的に閉店中の店も多いが、再整備がひと段落すれば往年の賑わいが戻るだろう。

この元町高架下は、もともと戦時中からあったらしく、一説によると敵の攻撃から身を隠しながら物資を運ぶためにつくられたとか。いまもある脇に抜ける人ひとりが通れる幅の通路も、銃撃戦になったときの弾除けだと言っている地元の人がいた。

終戦後は闇市となり、たいへんな活況を呈した。その名残から、闇市時代から続く店もある。有名な話では、ダイエーの創始者である中内㓛《なかうちいさお》も、この高架下で医薬品の販売をしたのが、商売の第一歩であったという。

この話は、バンドマンでありながら怪談イベントなども主催する怪談ロッカーリップこと大迫さんから伺った、いまから三十年ほど前に元町高架下とその界隈で起きた出来事である。

当時、大迫さんは高架下で飲食店を営んでいた。夕方五時くらいから店を開け、深夜は最後のお客さんが帰るまで開けておく、ようは居酒屋である。

ある晩、夜九時を回った頃くらいに小学校三年生くらいの男の子が表から店を覗いてきた。

いまでこそ、この界隈も小綺麗になった節があるが、当時の元町高架下は治安もあまり良くない危険な場所だった。そんな町を子どもがひとりでうろうろしていること自体おかしいのだが、危ないのでとりあえず大迫さんは少年を招き入れることにした。

「入っといで。ジュースでも飲むかー?」

「コーラ飲みたい」

「ええよ。ほれ、ここ座っとき」

店の一角にちょこんと座った少年は、コーラを飲みながら大人しくしていて、二時間くらい経った頃に出ていった。


この晩の施しをきっかけに、困ったことに少年が懐いてしまい、定期的に店に来るようになった。

しかも彼ひとりではなく、小学校六年生の姉も連れてきた。来るのは週に二、三度で、だいたい夜九時に来て十一時くらいまでテレビを観たりしながら時間を潰す。

こんな頻繁に来るとは、いったいどういう事情があるのか、「なにしてんねや?」と大迫さんが聞いたところ、「塾の帰りやねん」とのこと。

しかし、何週間も顔を合わすなかで、会話の節々から大迫さんは気づいた。どうやらこの二人、塾になど通っていない。店に来るのは別の理由があるらしい。

聞いていくと、彼らは近所のマンションに住む母子家庭の姉弟だった。母親が彼氏と遊びに行く日が週に何度かあって、その日は夜遅くまで帰ってこない。そういうときに二人で町をふらふらしているらしい。

「そうなんや……」

少し同情したが、それでも大人として忠告はしなくてはならない。

「それでもな、このへん危ないから、お母さんおらんにしても家に帰りぃ。ほんでお母さん帰ってくるまで家におりぃや」

そう忠告したものの、姉弟は首を横に振った。

「家に帰りたくない」

「なんでよ。なんで帰りたくないん？」

すると、二人はこそこそと話し合うそぶりを見せつつ、「いや、でもなぁ……」「うーん……」などと要領の得ない返事。業を煮やした大迫さんが「はっきり言ぃ！」と強めに問い詰めると、「言っても、信じてもらえんやろなぁ……」と言う。

「ええから。おっちゃん信じたるから、とくかく言うてみい」

意を決したように二人は声をそろえた。

「……家に、お化けが出るんよ」

——お化け？

予想外の答えに動揺しながらも、大迫さんはさらに詳しく話を聞いた。

姉弟の話によると、お化けは母が家にいるときは姿を見せないらしい。逆に母が外出していると必ず出る。

母が居ない日、まず学校から帰ってきたとき、いきなり最初のお化けに出くわす。

鍵を開けて玄関ドアを開けると、そこに全然知らない女性が立っていて、

「おかえり〜」

と言いながら玄関から出ていく。この女性は母のいない日は必ず姿を現すそうだ。

この女性を見送ってからリビングに入ると、次のお化けが待ち構えている。

リビングの中央に、真っ黒い物体がいるのだ。竜巻のような渦を巻いていて、形や大

きさから察するに、どうやら男の人であるらしい。この黒い渦巻き男が、「おまえの母親に捨てられた」「おまえの母親は非道な女だ」などと、母に対する恨み言をひたすらぶつぶつとつぶやく。

普通ならこの時点で恐怖に駆られ、家から逃げ出しているだろう。だが、この姉弟は強い。この渦巻き男もだいぶ恐ろしく鬱陶《うっとう》しい存在だが、実害を及ぼさない。子どもながらも精一杯恐怖心を堪《こら》え、いつもなんとか無視して耐え忍ぶのだ。

そのまま母の帰りを待っていると、しばらくして三番目のお化けが現れる。半透明の赤ん坊が、床からわらわらと湧いてくるのだ。それも一体ではなく、何体もである。それらが姉弟の足にしがみついてくる。

赤ん坊たちは言葉こそ発さないが、ご飯をねだっているような感じは伝わってくるという。

なおも母の帰りを待つ子どもたち。すると、四番目のお化けが――

押入れの天袋の襖《ふすま》が突然、スパーン！　と勢いよく開く。そこには、半透明の乳母車が折りたたまれて詰め込まれている。さらにその横を見れば、横倒しになった男の人の生首がある。こちらをじっと睨みつけるように見下ろしてくる。

この生首くらいから、いよいよ彼らは耐えきれなくなって、家を出るのだ。

そして大迫さんの店で時間を潰し、持たされているポケベルに母の帰宅する旨の連絡が入って、ようやく帰れるのである。


「おっちゃん。この話、信じてくれるか？」

にわかに信じがたい話だが、信じるといった手前、ここで子どもの信頼を損ねるわけにはいかない。

「おう、信じる信じる！」

大迫さんは、そう答えるほかなかった。


姉弟によると、このたくさんいるお化けは、母が帰宅するとその瞬間にすべて消えてなくなるのだという。したがって、もし天袋の生首が出てくる前のタイミングで母が帰宅すれば、その晩は家から逃げださないで済む。

だとすれば、是が非でも夜は家にいてほしいと母に頼みこんだら解決しそうであるが、二人は気を遣ってこのことは母には言えないでいる。

なぜなら、家に出るお化けが母の過去となんらかの関係があることは、彼らも子どもながらに察しているからだ。

最初に玄関にいる女性はよくわからないそうだが、恨み言をつぶやく男については「昔、お母さんが捨てた男や」と勘づいている。

湧いてくる胎児については「あれ、堕《お》ろした子どもやで」なんて、小学生のくせにやけにひねたことを言う。そして乳母車と生首もたぶんそういうただならぬ関係なんだろうと二人は推測していた。

二人とも母のことは好きであるだろうが、「男遊びがひどいんや」などと、子どもらしからぬひどい言い様で、大迫さんも思わず苦笑してしまった。

それからも、姉弟が店に来るペースは変わらなかった。

お化けの話を聞いて多少は同情していた大迫さんだったが、それでもこの近辺は物騒だ。もし攫《さら》われたりしたら、お化けなんかよりもっと怖い目に遭わないとも限らない。怖いだけならまだしも、無事でいられないかもしれないのだ。

大迫さんはその後も、彼らが来るたびに、家に帰ったほうがいいと促していた。

それでも二人は渋っていたのだが……。

ある晩、何度目になるかわからない帰宅を促す会話にて、二人がぽつりと言った。

「一番怖いときがあってん……」

彼らによると、一番怖いときに出たそのお化けがいる限り、絶対に子どもだけで家にいることはできないそうだ。先の四種類のお化けですら相当な恐怖だったろうに、それらを乗り切ったこの姉弟がここまで拒絶するものとは、いったいどんなやつなのか。大迫さんは詳しく話を聞いてみることにした。


これは大迫さんの店に来るようになる前の出来事である。

その日は母の帰りがとくに遅い日だった。

いつも通り、玄関を開けると見知らぬ女性が出てきて、リビングでは渦巻き男がいる。

その後、胎児が床から湧いてきて、天袋に乳母車と男の生首が現れる。

だいたいはここまでのあいだに母が帰宅することが常であった。しかし、その晩は天袋の生首が出るタイミングに至ってもまだ帰ってきていなかった。

それでも二人が恐怖を耐え忍んで母の帰りをひたすら待つ。

すると、どれくらい経ったか定かではないが、次の怪異が起きた。

ピタッ――

突然、その場にいたお化けたち全員の動きが止まったのだ。渦巻き男は恨み言をつぶやくのをやめ、赤ん坊の動きも止まっている。

その後、お化けたちが一斉にベランダのほうへ顔を向けた。

なんだと思い二人がそちらを見ると、ベランダ側にある大きな掃き出し窓の右端から、大きくて黒いなにかがグググッ……とこちら側に出てくる影が見えた。

『その先、その先、その先、その先、その先、その先、その先……』

突然、室内に声が響いた。その場にいたお化けたち――渦巻き男、胎児、天袋の生首の全員が声を揃えて「その先」と連呼している。

なんと不気味な空間なのか。

あまりの迫力にただおびえていると、窓の黒い影がグッと少しずつ出てきた。どうやら、この「その先」と共鳴しているらしい。「その先」一回ごとに、だんだんとこちらへ近づいてきている。

いったい何が出てくるのかわからないが、とても恐ろしい雰囲気だけは伝わってくる。

もし正体がわかるほど近くに寄られてしまったら無事では済まないだろう。そう二人は直感して、脱兎のごとくマンションの部屋から逃げ出した。

それが、姉弟が初めて外出した夜になった。この日を境に、母の帰りが遅くなると家から出て外で過ごすようになり、やがて大迫さんの店に来るようになったのだ。


「あんな怖いもんが出るから、帰りたくない」

さすがの大迫さんもこの体験談には根負けし、

「そうか……。わかった、そんならお母さん帰ってくるまで店におりぃ」

と半ば保護をするようになった。

*

ある日、弟のほうがホームレスの男性を連れてきた。

子どもなのでそれは違うということがわからなかったらしい。「ここ来たら飯食えるで」みたいなことを言って連れてきたのだろう。

「お前それはちゃうぞ！」とさすがの大迫さんも語気を荒げて少年を叱った。

「子どもの言うことを真に受けて、いちいちついてくんな！」と、ホームレスにも説教して、二人とも追い返した。

すると、この日に叱られたのがだいぶ響いたのか、男の子は姿を見せなくなった。彼が来ないと、一緒にいる姉も来ない。

そのまま二人が来なくなって半年後。

昼間に三宮のセンター街を大迫さんが歩いていると、偶然にも、前方からあの姉弟が歩いてきた。しかも二人だけでなく、母親らしき女性も一緒にいる。

少し気になって道の脇からようすを見た。

すると、店で見た彼らとは違った姿がそこにあった。

キャッキャと甘えているのだ。

——昔、お母さんが捨てた男や。

——堕ろした子どもやで。

なんて店では小学生らしからぬ、ませたことを言っていた二人だったが、いま目の前を歩いている彼らは、母にべったりとしがみついて甘えた声を出している。

まるで〝子ども〟を演じているかのように。

お母さんの気を少しでも引きたくて、なんとか愛されたくて、必死で――。

それから彼らがどうなったのかわからないが、三宮ですれ違ったこのときが一番怖かった、と大迫さんは語った。

KOBE

神戸怪談

2023年11月６日　初版第1刷発行
2024年７月25日　初版第3刷発行

著者……………………………………………………………………　田中俊行
デザイン・DTP　………………………………………………荻窪裕司(design clopper)
編集協力………………………………………………………………StudioDARA

発行所……………………………………………………………株式会社 竹書房
〒102-0075　東京都千代田区三番町８－１　三番町東急ビル６F
email：info@takeshobo.co.jp
https：//www.takeshobo.co.jp
印刷所…………………………………………………………中央精版印刷株式会社